JN248513

相性チェックカード
《五音循環図》

呼び名の持つパワー　音でわかる名前占い
宮沢みち 著

※名前に含まれる「ん」は、それ自体は意味を持たず
前の音の意味を強調する働きをします。

→ 発展(サポート)：**相生**　▪▪▪▪ 刺激：**相剋**　同じ音 調和：**比和**

相生、相剋、比和は、本文P142～148を参照してください。

このカードを持ち歩くなどして、相性チェックや話題づくりにご利用ください。

切り取り線

切
り
取
り
線

このカードの内容の一部あるいは全部を無断で複写複製（コピー）することは、
法律で認められた場合を除き、著作者および出版社の権利の侵害となりますので、
その場合は予め小社あてに許諾を求めて下さい。

©2017 by Michi Miyazawa / Printed in Japan

発行所／株式会社 日貿出版社

呼び名の持つパワー

音でわかる名前占い

宮沢　みち

日貿出版社

〝あなたは自分の名前が好きですか?〟

「はい」と答えた方は、きっと今、とてもいい人生を歩んでいることと思います。自分の名前がもたらしてくれる恩恵をいっぱい感じていることでしょう。

「いいえ」と答えた方は、日々、あれこれと悩むことが多いのではないでしょうか。なぜなら、まだ自分の名前の持っている意味を知らず、名前の力を存分に受けていないからです。

名前は、本人がこの名前が好きと、名前に愛情を持ったところから、その力を発揮していきます。

あなたは、偶然その名前になったのではありません。意味があって、あなたの名前はつけられています。名前とは、今世の人生はこの名前でないと生き抜けないと、生まれたときに自分にペタッと貼られたお守りのようなものです。自分の名前の持つ意味をきちんと知れば、あなたはきっと名前が好きになっていくはずです。そしてそのときから運も好転していきます。

名前というと、よく言われるのが画数です。たしかに、名前の数の不思議さというのがあって、どのような画数かによって、その人の歩む、運命のリズムが決められています。

ただ名前は画数だけではありません。もっと重要なのが名前の音です。

人は文字よりもはじめに音で自分の名前を認識します。文字で自分の名前を認識するのはずいぶん後になります。まだ小さく、自分を形成するときに毎日呼ばれる名前ですから、本人に与える影響は、画数よりもはるかに音のほうが強くなります。

名前がどんな音をしているかでその人の性質がわかります。どんな人とつき合っていったらいいか、どんな人とは離れたほうがいいか、みんなで仕事を成功させるにはどんな音の人たちとチームを組んだらいいのかなど、名前の音にその答えがあります。

あなたがもし対人関係で悩んでいるとしたら、すぐにこの音による名前の関係を調べてみてください。トラブルのほとんどが、名前の音の響きがもたらすエネルギーの不一致、相手を包んでいる名前のエネルギーが、自分を包んでいる名前のエネルギーとは合わないことが起因となっています。相手の人が、人間的にいい人、悪い人は全く関係ありません。名前によって、人にとってはいい人もあなたにとっては悪い人だったり、あなたにとっていい人も、他人にとっては悪い人であることはよくあるのです。

名前のエネルギーが合わない人と二人きりでいると、相手のエネルギーの影響を受けてしまい自分のエネルギーは乱されます。

逆に自分と相性のいい名前の人といれば、自分の持っている自分でも知らない才能をどんどん引き出してもらえます。名前の音の響きはたいへんなパワーを持つのです。

もしあなたが、どうしても自分の名前が好きではないと思っていたら、迷わず、セカンドネームを持ってください。自分の才能をもっと伸ばしたい、これまでと全く違う人生を送りたいという人にも有効です。

セカンドネームとは芸名みたいなものです。生まれたときについた名前は、一生影響は与えますが、それでもセカンドネームでつけた名前のほうが多く頻繁に呼ばれるようになってくれれば、そちらのほうがあなたの人生の主になっていきます。

せっかく一度しかない人生ですから、呼ばれたいと思う気に入った名前を自分の名前にしてみてください。

どんな名前がいいのかは、本書で名前の音の性質を知って、なりたい自分にぴったりなものを選ぶとよいでしょう。きっと自分が思う方向に進んでいくはずです。

この本で名前の持つ力をぜひ再認識していただき、あなたがよりよい人生を送るお手伝いができれば幸いです。

宮沢　みち

目次

第1章

呼び名で変わる人生

Ⅰ　人生を決める名前

❶ 名前の持つみえない力

おぎゃあと産声をあげたときから名前とは長いおつき合い。自分の名前が大好きという人も、ずっと気に入らないまま仕方がないとあきらめていた人もいるかもしれません。でも、若いころは違う名前ならよかったのにと思っていた人も、年を経るに従い、どこか自分にしっくりくるように感じるものです。これまで、何百回も書いてきた名前、何千回も呼ばれてきた名前は、すでに自分の体の一部。切るに切れない人生の同伴者でもあります。

名前は単なる記号ではありません。今世での人生をサポートしてくれるエネルギー体です。手相や人相と同じように、名前にもエネルギーの形、つまり〝相〟があります。単なる文字の組み合わせであったものが、命ある《私》と合体したとき、名前自体が命を持ち、とてつもないパワーが生まれます。その名前のパワーを上手に生かしていければ、人生の方向性を見つけ、災厄を避け、賢い人間関係を築いていくことができるのです。

子どもが生まれたときや孫が生まれたとき、新しい命の名前を考えたことのある人も多いでしょう。この子が幸せに生きられるよう、誰からも愛されるよう願って一生懸命考え、悩みに悩み、辞典を引っ張り出し、画数をみて、必死になって名づけたことでしょう。届け出期限ぎりぎりになっても決まらず焦ってしまった人もいるのではないでしょうか。

ところが、どんなに名づけに苦しんだとしても、逆にインスピレーションだけで気軽に決めたとしても、いざ、目の前の赤ちゃんにそっと呼び掛けてみると、あたかも最初から決まっていたかのように思えてくるから不思議です。結局のところ、みえない力が働いて、赤ちゃんとその名前は《縁》で結ばれているのでしょう。あなたも私も赤ちゃんも、人にはその名前しかなく、すでに決まっているものではないかと思えます。

❷名前の本当の働き

名前には、前世から決められていた今世での約束のようなものが織り込まれています。親は誰でも、我が子に幸せになってほしいと願って名づけますが、名前には、名づけた親でさえ知らない別の力が潜んでいます。

たとえば「空（そら）」という名前の場合、親は大空にはばたく壮大な思いを込めて名づけたとしても、親の期待を裏切って「空（くう）」という側面が強まり、空疎な人生を歩んでしまうこともあります。あるいは「有希（ゆき）」という名前も「逝き」につながってしまい不運に見舞われることもあるのです。

逆に、親が思いもつかなかったような素晴らしい名前をつけられた子も多くいます。ここでは、名前にはいろいろな側面があることを知り、名前をさまざまな角度からみていくことで、災厄を避け、賢く人生を送るため、自分の無限の可能性を知ってほしいのです。人の一生は短いものです。限られた時間の中で、できるだけ早く、自分の名前の持つ性質やパワー、エネルギーを知ることで、この先の人生で伸びるところ、絶好のタイミングを悟ることができます。

自分の名前の力を知り、生かしていくことに遅いということはありません。50代、60代、70代であっても、これからの人生を充実させることに躊躇する必要はないのです。もし、自分の名前について疑問を感じているなら、セカンドネームを持つことをおすすめします。戸籍上の名前を改名せずとも、呼び名を変えるだけで人生を自分の目指す方向へ導くことも可能です。そうすることで本来の名前の弱点をカバーすることもできる。本書では、そんな名前の生かし方もご紹介します。

❸ 名前を生かす方法

自分の名前の特性を理解し、名前の長所と短所をよく知ることは、豊かな人生を送るための大切な第一歩です。自分の名前が、波乱に満ちて事故に遭いやすい運を持つとわかれば、無謀な運転はしない、危険な場所には出向かないなど、自己を律する契機になります。自ら注意すれば大難を小難に、小難を無難に転じることができるのです。凶の運気を持つ人は、凶を自ら晴らすために人が面倒だと思うことに率先して取り組むことで運気を好転させることができます。凶の運気を持つために、人よりよく勉強したり、努力したり、世の中のために尽くしたり。そのことが、その人の徳を高め、尊敬される生き方を示すことにもなり、幸せをつかむことができるというものです。

性格的な短所も同様です。気が弱い、激高しやすいなど短所があることがわかれば、気の弱さをやさしさに、感情の起伏の激しさを豊かな感情表現へと、長所に変えることに努めてみましょう。長所を伸ばすことを心掛けると、欠点と思っていたことも少しずつカバーされていい人生が歩めるようになっていくはずです。

とはいえ、自分の名前を本当に生かしている人はまだ少ないようです。逆に、成功している人ほど名前にこだわりがあり、名前を大切にしています。ダイヤモンドの原石と同様、せっかくもらった名前も磨かなければ光りません。

Ⅱ　音の響きが人をつくる

❶ 名前の音はエネルギー

姓名判断といえばまず画数でみるのが一般的と思われがちです。画数は数字の持つ性質によって吉凶が判断されますが、画数以上に重要になってくるのが音の響きです。自分の名前は生まれてからずっと一日に何度も呼ばれ続けています。日々呼ばれている音がそのつど魂に響き、もの心がつく前から呼ばれた名前を自分自身だと認識します。とくに下の名前（愛称を含む）の音の響きが重要なのは、この世に生を受けてはじめて自分が自分として認められた証であり、その後の人生に大きな影響を与えることになるからです。

名前の音が持つ波動は、その人自身をつくり上げていくエネルギーになります。好意をもって名前を呼ばれた回数が多いほど、プラスのエネルギーが得られ、悪意をもって呼ばれた回数が多いほど、マイナスのエネルギーを得てしまうことになります。

ちなみに、姓名の姓（苗字）は「先天的な運」を表し、下の名前は「後天的な運」を表します。苗字は先祖代々からの家を表し、下の名前は自分自身がつくり上げていくことのできる人生を意味すると言ってもよいでしょう。今、苗字でしか呼ばれない人、苗字を愛称で呼ばれることが多い人は、自分の才能が発揮しきれていないと言えるかもしれません。大きく飛躍したいときは、周囲の人にまず下の名前を知ってもらうこと、フルネームで認知してもらえるよう努めてほしいものです。自分で名乗るときや書き留めるときも、苗字だけに略さず、フルネームで表す習慣を身につけましょう。

❷読み方で変わる人生

音の影響で魂の形がある程度かたまってくるのは6歳くらいです。それ以降、文字を書くようになると画数の影響も少しずつ表れてきますが、小さいころに呼ばれた名前の音が一生影響を与えます。子どものころ呼ばれていた愛称で呼ばれると、心が安らぎほっとするのもこのためです。

ということはつまり、同じ漢字を使っていても読み方が違えば、当然、働き方も異なるということになります。画数は同じなので、人生のリズムや対社会との関係性は似ていますが、根本の性格やその人自身のあり方は違ってきます。たとえば「文子」さんの場合、「あやこ」さんは経済的に安定し、「ふみこ」さんはコミュニケーション能力に長けていて、いい人との出会いがあるというふうに、能力が違ってくるわけです。

名づけの世界では、漢字の読みは原則的に自由です。「宇宙」と書いて「そら」と読ませても「ひろし」と読ませても構いません。昨今は、漢字の意味からイメージを広げて、想像を越えた読み方をさせることが流行っていますが、《音の意味》を無視して自由すぎるのも考えものです。画数だけにこだわっていると期待外れの音になってしまうこともあるかもしれません。

Ⅲ　名前は音の並びがポイント

❶ 音の五行　木火土金水（もくかどごんすい）

中国には古くから陰陽五行思想というものがあります。「陰陽思想」とは、すべての事象は単独で存在するものではなく、男女、天地、善悪、吉凶など、「陰」と「陽」の相反する形で存在しており、それが消長を繰り返すというもの。「五行思想」とは、万物は「木、火、土、金、水」という五つの要素から成り立つという思想で、「陰陽思想」と「五行思想」を組み合わせると、どんな複雑な事象も読み解くことができるというものです。

日本語の五十音は、五行思想にもとづいて「木」「火」「土」「金」「水」の五つのタイプに分けることができます。名前の一番上の音を五行思想でタイプ分けすることで、その人の「性質」が分かり、生活のありようが見えてきます。

五つのタイプは、それぞれの音を発する口の形、発音の仕方で分かれています。

＊牙音《がおん》……牙歯にかかって発音されるカ行の音　↓　木
＊舌音《ぜつおん》……舌を使って発音されるタ行、ナ行、ラ行の音　↓　火
＊喉音《こうおん》……喉の奥から出るア行、ヤ行、ワ行の音　↓　土
＊歯音《しおん》……歯にかかって発音されるサ行の音　↓　金
＊唇音《しんおん》……唇にかかって発音されるハ行、マ行の音　↓　水

それぞれの性質は「木、火、土、金、水」そのものが持つイメージを思い浮かべ

れば解釈しやすいでしょう。

＊木の音……木がぐんぐん枝葉を広げながら伸びていくイメージの魂
＊火の音……メラメラと激しく燃えるイメージの魂
＊土の音……広大かつ不変の大地のイメージの魂
＊金の音……地中で熟成された輝く黄金のイメージの魂
＊水の音……自由自在に形を変化させる水のイメージの魂

名前の一番上の音が重要なのは、呼び名とその人の魂が密接に関係しているからであり、生まれたときからもっとも多く呼ばれている音だからです。

五十音にはそれぞれ基本的な意味があり魂の形がわかります。名前の鑑定に入る前に、一つ一つの音の意味を簡単にまとめておきますので、参考にしてください。

50音の意味

あ

土

五十音の最初の音であり、天を象徴する魂です。天からのエネルギーを受け、光り輝き、周囲に愛を注ぐ役割を担います。感受性豊かで明朗。悪を許さず正義を貫き、社会に対して義務と責任を負う立場になっていくでしょう。

い

土

ゆったりと呼吸をするような、しなやかに動く魂を持ちます。どんな困難にも負けない根性と忍耐力があり、確実にエネルギーを蓄えます。自ら目立とうとはしませんが、周囲に有能さを買われて能力を発揮することになります。

う

土

万物を生む爆発的なエネルギーのある魂です。寛容と愛にあふれた性質があり、新しいものを生み出す力があります。リーダーになるのは苦手で自由を好みますが、素直で明るい性質なので、いつの間にか人の輪の中心にいます。

え

土

枝がどんどん伸び、発展する運を持つ魂。自己中心的になりがちですが、自分の考えで周囲を納得させてしまう強さがあります。変化を好み、好奇心旺盛、自信家でもあるため、いい面があるとともにトラブルに注意してください。

お

土

大きく高貴で威厳のある魂です。重厚で深みのある波長を持ち活気があります。人を安心させる安定感で全体をまとめる役割を担います。自己主張はあまりせず、周囲との融和を第一に考える反面、頑固でマイペースなところも。

か

木

鋭敏な感性で刺激を好み、陽のエネルギーが強い魂です。勝ち気で派手好きな性質で、エネルギッシュで活動的です。生命エネルギーが強いため人を引きつけます。ただし、品位を損なうと人が遠ざかるので気をつけること。

き

木

感覚がすぐれ、エネルギーが充実した魂。向上心にあふれ、正義感が強く、まっすぐな精神の持ち主です。集中力があり、自分の世界を持っています。やりたいこと、やりたくないことが明確で、プラス思考で即断即決も得意です。

く

木

内側に向くエネルギーを持ったかたい魂。保守的で変化を好まず、常に自分の所属するグループを守ろうとする性質があります。神秘的なイメージもあり、心のガードがかたく、マイペースで人に左右されることはありません。

け

木

周囲の変化を敏感に察知する魂です。人柄がよく、やさしさもあり、周囲に気を配り慎重に行動します。負けず嫌いですが寂しがり屋な面も。人を引きつける魅力があるので仲間も集まり、その中心にいることも多いでしょう。

こ

木

愛にあふれた温かい魂です。控えめで、でしゃばるところがないので、男女を問わず人気を集めます。ある程度のラインで満足し落ち着いてしまうと、本来の良さが発揮できず停滞してしまいますから、常に向上心を持つことが大切です。

さ

金

新しい命が芽吹くような魂。何かが始まるわくわくするエネルギーがあります。繊細ですがマイナス思考はありません。初対面の人とも物怖じせずつき合えます。ただ、自ら困難を求める側面もあり、冷静な判断が必要です。

し

金

静かで凝縮された魂です。落ち着いて安定していますが、警戒心も強く他人との間に壁をつくる傾向も。光と音に敏感に反応しがちなので、柔らかい光の中で過ごしましょう。芯がしっかりしていて困難に立ち向かう勇気もあります。

す

金

透明感があり、純粋で美しい魂です。本来は慈愛に満ち、世話好きですが、純粋すぎる魂を守るために過剰な反応をすることもあり、人を傷つけることも。人前に出るのは苦手で控えめに振る舞うほうが性に合っています。

せ

金

活発で勢いがあり、広がっていく魂。いいときと悪いときの波が大きく、ドラマチックな人生が展開します。華やかなことが好きで、思い立ったらすぐ行動。スター性もあり、人を引きつけ、集団のリーダーとして君臨します。

そ

金

空のように広く、ふわりとした軽快な魂です。上昇意欲が強く、成功するための努力を惜しみません。穏やかな物腰ですが、言いたいことを我慢することはありません。争い事には弱く、競争も苦手で、あと一歩の粘りに欠けます。

た

火

力強く燃えるような魂。コミュニケーション能力に長けています。控えめに見えて、目標を達成する意志の強さと忍耐力があります。運気が強い分、災厄も引き受けてしまいますが、努力家なので大きな成功も得られます。

ち

火

万物を生む力と死滅させる力の両方を併せ持ちます。雄大なパワーで、多くのものを守る役割を持っています。地道で堅実ですが、自ら苦労を買って出ることもあります。知性を重んじ、相手に合わせることもできます。

つ

火

人を集めて、絡まり合いながらエネルギーを充満させます。非凡な個性を持ち、情緒豊かで、感情を表に出します。おとなしそうにみえて大胆な行動に出ることも。情に弱く、人をみる目もないため、騙されやすいので気をつけて。

て

火

活動的で、きりっとした魂です。繊細で柔軟性があり、どんな相手でも自分を合わせることができます。正直で嘘がつけず、裏表がなく、交際上手ですが、人を導くリーダータイプではなく、責任を持たされるのが嫌いです。

と

火

安定していて、どっしりと重量感のある魂です。問題が起きても動じず、瞬時に冷静な判断ができます。大雑把なところと繊細さの両面を持ち、優秀なのに素朴で飾ることをしないため、人から慕われ、人を導く役割を担います。

な

火

温かく、穏やかでやわらかい魂。人との関係を大事にして、感情表現が豊かで親しみやすく、誰に対しても態度を変えたりしません。欲は少なく、無謀なチャレンジはしませんが、常に前進するので成功を得ることができます。

に

火

汚れのない美しい魂です。柔和で喜びに満ち、笑いを発信する性質があります。大きな愛に包まれているので、人に対しても愛情を注ぎ、周囲を幸せにします。芯が強く、自分の発言に責任を持ち、選んだ道を着実に進みます。

ぬ

火

湿り気があり、混沌とした魂です。能力があり、内面が充実していて、天からの恵みを受けられる性質も持っています。控えめで、人のために尽くしますが、自分のことは自分で解決しようとします。我の強さを抑えることが必要。

ね

火

明るく活発で愛に満たされた魂。災難を寄せつけない強さがあり、安定していて落ち着きのある性質です。冷静沈着、警戒心が強い面があります。面倒見がよくやさしいので社交的にみえますが、実際は人を選んでつき合います。

の

火

大きくて爽やかで軽い魂です。のどかでのんびりしたところと、ピリピリと神経をとがらせるところの両面を持ちます。慎重で冷静なので軽はずみなことはしません。強い意思を持ち、親切ですが、少し頑固なところもあります。

は

水

針のように尖ったところのある魂です。他人を近づけさせない鋭さと勢いがあります。自己中心的で、思う以上に念を飛ばす力が強いので、マイナス思考に陥らないように。我を抑え、相手のことを気づかうように心がけましょう。

ひ

水

太陽のようにまぶしく、白く輝く魂です。活発で明るい性質で、周囲の人を和ませ、安心させる役割を持っています。人にやさしく、目上の人からもかわいがられますが、慎重すぎてチャンスを逃してしまうこともあります。

ふ

水

風船のようにパンパンに膨らんでいる魂。満ち足りていて強力なパワーを持っています。外見はソフトでゆったりしていますが、中身は勢いがあって即断即決。人の意見には左右されないで、自分の判断を信じて行動します。

へ

水

流動的で、形をいろいろと変える魂です。純粋で、正直で、裏表のない性質で、堅実に地道な努力を続けて目標を達成させます。忍耐力とチャレンジ精神で困難を乗り越え、自分のペースでチャンスに乗っていくことができます。

ほ

水

「は」よりさらに尖った魂です。意志が強く、物事に動ずることなくどんなときでも冷静に行動します。熱しやすく冷めやすい性質もあり、人の忠告を聞かず失敗することも。プライドが高く、いつも何かと闘っています。

ま

水

白から黒、黒から白へと常に変化する魂です。正義と悪の両面を持ち、控えめかと思えば大胆になり、両極端です。自分に正直で思ったとおりに行動するので、周囲がついて行けないことも。瞬発力はあるものの持続するのは苦手。

み

水

真珠のような白い輝きを持つ魂です。柔軟で変化を楽しむ性質で、深く考え込むより流れに身を任せるタイプです。さっぱりした性格で物事に執着することがありません。じっとしているのが苦手で、思い立ったら即行動します。

む

水

目にみえないやわらかいものが一つになり内側へ向かっていく魂。自分の考えに固執して、外へ向かわない側面があります。個性が強くマイペース。外からの刺激より、自分の中の才能に磨きをかけたいタイプです。

め

水

優美でかわいらしく、小さな魂です。運気が強く、恵まれた生を受けます。純粋で人を裏切ることはありません。いい人との出会いがあればよい人生を送れますが、そうでなければトラブルに巻き込まれ、波乱の人生となります。

も

水

乳白色の丸いものがたくさん集まっている魂です。性的魅力にあふれエネルギーが強く、豊かで実り多い性質。のんびりしていますが、競争の中に引き込まれることが多いでしょう。人に影響されて成果を上げていきます。

や

土

黒くて固く頑丈な魂です。外見はやさしくて楽しそうですが、中身はかなり真面目で暗さも抱えています。かなり引っ込み思案ですが、観察力があり努力家でもあるので、中年以降、劇的に変化します。堅実に財をなすことも。

ゆ

土

完全な球体をしていて、他の音を内側に伝えない固い魂です。肉体的にも精神的にもタフで、いつもプラス思考、自分中心に行動します。トップに立つより、みんなで調和して同じ立場にいるほうが気持ちが楽で好きです。

よ

土

角ばったがっちりした魂です。常識を重んじながらも冒険好きで、奔放に生きていきます。トラブルが起こっても、すぐに立ち直れます。親分肌で面倒見がよい反面、世間知らずで、だまされやすいところがあるので気をつけて。

ら

火

熱いものが渦を巻いて回転している魂。ひらめきと輝きで周囲を巻き込んで拡大していく性質があります。カリスマ性があり、常に注目を浴びる人生でしょう。刺激を求め、落ち着くのは苦手。運の波を上手に乗りこなします。

り

火

高速で回転しながらも、固く充実した魂です。専門的な分野に携わり、人に情報や技術を伝える役割を担います。誇り高く、聡明で、妥協することはありません。自信家で華があり、どこへ行っても目立つ存在になります。

る

火

細かな物質がぶつかり合いながら動いている魂です。自ら波乱の中に飛び込み、衝突する性質で、自己中心的な面と、人に合わせすぎる面の両面を持っています。自然体で人にやわらかく接するので、誰からも好かれます。

れ

火

美しく、曇りガラスに覆われたような魂です。とらえどころのないふわっとした性質ですが、負けず嫌いでもあります。頭脳明晰でチャレンジ精神旺盛です。計算高く見えて、根は善人なので、実は自分だけが損をするという面も。

ろ

火

ろうそくのような物質が回転しながら徐々に凝固していく魂。考えるより先に動き出し、行動してから考えるという性質です。計画性がなく、決めたことを守るのが苦手で、華やかな外面とは裏腹に内面はとても繊細でナイーブです。

わ

土

風船のようにパンと張りのある魂です。天の気を受け守られていますす。喜びの振動に満ちていて、周囲を楽しませ、自分自身も平和な気持ちでいられます。落ち着いていて、よく考えてから行動するので、まず失敗はありません。

ん

土

全体が真っ白な、エネルギーの強い魂です。名前の頭にくる音ではありませんが、前の音を強調する働きを持っています。家族との絆が強く、家との縁も深いので、親と同業種の職に就いたり、家業を継ぐ仕事に従事します。

❷音の並びでわかる理想と未来

日本人の名前に1音のものはまれでしょう。ほとんどの人が2音以上、3音、4音の人が多いのではないでしょうか。名前の音は一つ一つも大切ですが、その並び方も重要な意味を持ちます。まったく同じ音を持つ名前でも、順番が違えば意味も変わってきます。

●一番目の音は理想の私（社会運）

一番目の音はその人が「理想とする性格」を表します。こういう自分でありたいという願望です。その願いのとおりになれるよう努力しますから、その性格になれることも多くあります。職場や学校など公の場で「私はこういう人間」と人にみせる外面的な性格として現れる場合が多いでしょう。

●二番目の音は本来の私（家庭運）

二番目の音は、その人が「自然体でいるときの性格」を表しています。家でくつろいでいるときなどにはこの二番目の音の性格が出ているはずです。二番目の音で家庭運がまるで変ってきますので、人生にとって影響力大です。

●三番目の音（最後の音）は「未来の私」（将来運）

一番下の音は、最終的にその人がたどり着く性質を表します。年齢を重ねるごとに、この一番下の音の表す性格が色濃くなっていきます。

❸「音でわかる名前占い」の使い方

本書では、「木音、火音、土音、金音、水音」という音の五つの性質を用いて人生に密接に関わる名前の音の意味を解説しています。次章からは、一つ一つの音の並びに沿ってタイプごとに詳しく解説していきます。

自分の名前はもちろん、家族や職場、ご近所の人の名前を手掛かりに、本来の自分を知り、周囲の人とのつき合い方を知るヒントにしてください。

お隣さんとどうもうまくいかない、職場の人間関係を変えたい、ストレスがたまり気味など、人間関係の不調の原因は名前の相性にあるのかもしれません。そんなとき、自分の呼び名を変えたり相手の呼び方を変えてみるとうまくいくなんてこともありそうです。

起死回生の勝負をするとき、人生を立て直したいとき、より充実した人生にしたいときなど、ここぞというときに名前の持つ力を思い出してほしいのです。自分の呼び名を変えたい、ペンネームや雅号をつけたい、いっそ改名したいと思ったときもぜひ参考にしてください。

第2章

音の性質で知る運命

名前の音の響きで重要なのは苗字ではなく下の名前です。小さいころから何度も呼びかけられたファーストネームは、音の固有の響きや波動がその人の資質や能力に大きな影響を与えています。人は社会の中で生きていく存在と言われますが、人と社会をつないでいるのは、実は名前なのです。誰でも、職場や地域、サークルやご近所づき合いでも、名前で呼び合える関係を築くことで存在価値が高まっていく経験をしています。

自分の名前がどのような人に、どう呼ばれているかによって、自分の心も変わってきます。よい呼ばれ方をしていれば、名前の音の響きがその人の資質に合った存在へと導いてくれます。逆に、名前の呼ばれ方を変えることでこうありたいと思う自分に近づくこともできます。

ぜひ、名前の音の響きや波動を知って、人生を切り開くヒントを見つけてください。

Ⅰ 三つの音の響きと連なりを知る

名前は音の連なりによって成り立っています。前述のように音の響きで大切なのは、「一番目の音」と「二番目の音」と「三番目の音（最後の音）」です。これらにはそれぞれ音の持つ力があります。

一番目の音……その人が理想とする性格を表します。他人に見せている性格であり、自分はこうありたいという願いでもあります。理想の姿に向かって努力することで、自分の才能を開花させることができます。

二番目の音……本来の自分の性格を表します。自然体でいるとき、この性格が強くなります。家の中でくつろいでいるときなどはこの性格が色濃くなりますから、家庭運を表すとも言えます。

三番目の音（最後の音）……最終的にその人がたどり着く性格を表します。年齢を重ねるごとに、最後の音の持つ力が強くなりますから、将来、どのような人生を手に入れることができるかを占うことができるわけです。

もちろん、3文字の名前ばかりではありません。2文字もあれば5文字、6文字以上の名前もあります。名前の音の並びの見方を整理しておきましょう。

●3音の名前

日本の名前としては最も多い音の数でしょうか。近年では2文字名も多くなりましたが、3音の名前を基本にしています。

一番目の音　二番目の音　三番目の音（最後の音）

さ・　と・　み・

や・　す・　お・

●拗音《ようおん》を含む名前

「ゃ・ゅ・ょ」を含む名前の場合、発音は前の音と重なりますが、「ゃ・ゅ・ょ」として考えます。通常のヤ行の意味を持ちつつ、前の音の性質を強めます。

一番目の音	二番目の音	三番目の音（最後の音）
み・	ゅ・	う・
し・	ょ・　うす	け・

●撥音《はつおん》を含む名前

中間や一番下に「ん」の音を含む名前も多くあります。「ん」の音の響きはそれ自体は意味を持ちませんが、その前の音の性質を強めることになります。

一番目の音　　　二番目の音　　　三番目の音（最後の音）
じ・　　　ゅ・　　　ん　　　こ・
け・　　　ん・　　　たろ　　　う・　（「ん」が「け」を強調）

●促音《そくおん》を含む名前

詰まる音「っ」を含む名前の場合、「つぶす」の「つ」の意味となり、破壊的な性質があります。逆に、形にとらわれない自由な人生を歩むことも。

一番目の音　　　二番目の音　　　三番目の音（最後の音）
み・　　　っ・　　　こ・
さ・　　　っ・　　　と・

●濁音《だくおん》を含む名前

濁音ももとの音の響きの働きを強めます。そのため、「ごどうじゅんじ」のように、苗字にも名前にも濁音が入ると過剰な性質になる場合があります。

一番目の音　　二番目の音　　三番目の音（最後の音）
じ・　　ゅ・　　あ・
じ・　　ょ・　　じ・
　　　　り
　　　　う

●2音の名前

2音の名前の場合は、二つ目の音が二番目と三番目の音を兼ねます。その人自身のありのままの性質を表す二番目の姿が将来たどり着く姿になりがちです。

一番目の音　　二番目・三番目の音（最後の音）
ゆ・　　き・
け・　　ん・（この場合は「け」がすべての性質を表します）

II　音の性質を当てはめる

次に、名前の三つのポイントにくる字が五つのどの性質の音かを当てはめます。五つの性質の音は、木音、火音、土音、金音、水音です。

木音　かきくけこ　がぎぐげご

火音　たちつてと　だぢづでど　なにぬねの　らりるれろ

土音　あいうえお　やゆよ　わ

金音　さしすせそ　ざじずぜぞ

水音　はひふへほ　ばびぶべぼ　ぱぴぷぺぽ　まみむめも

以上の決まりと意味を理解したうえで実際に、□にひらがなであなたの名前を書き込んで、順番と音の性質を当てはめてみましょう。

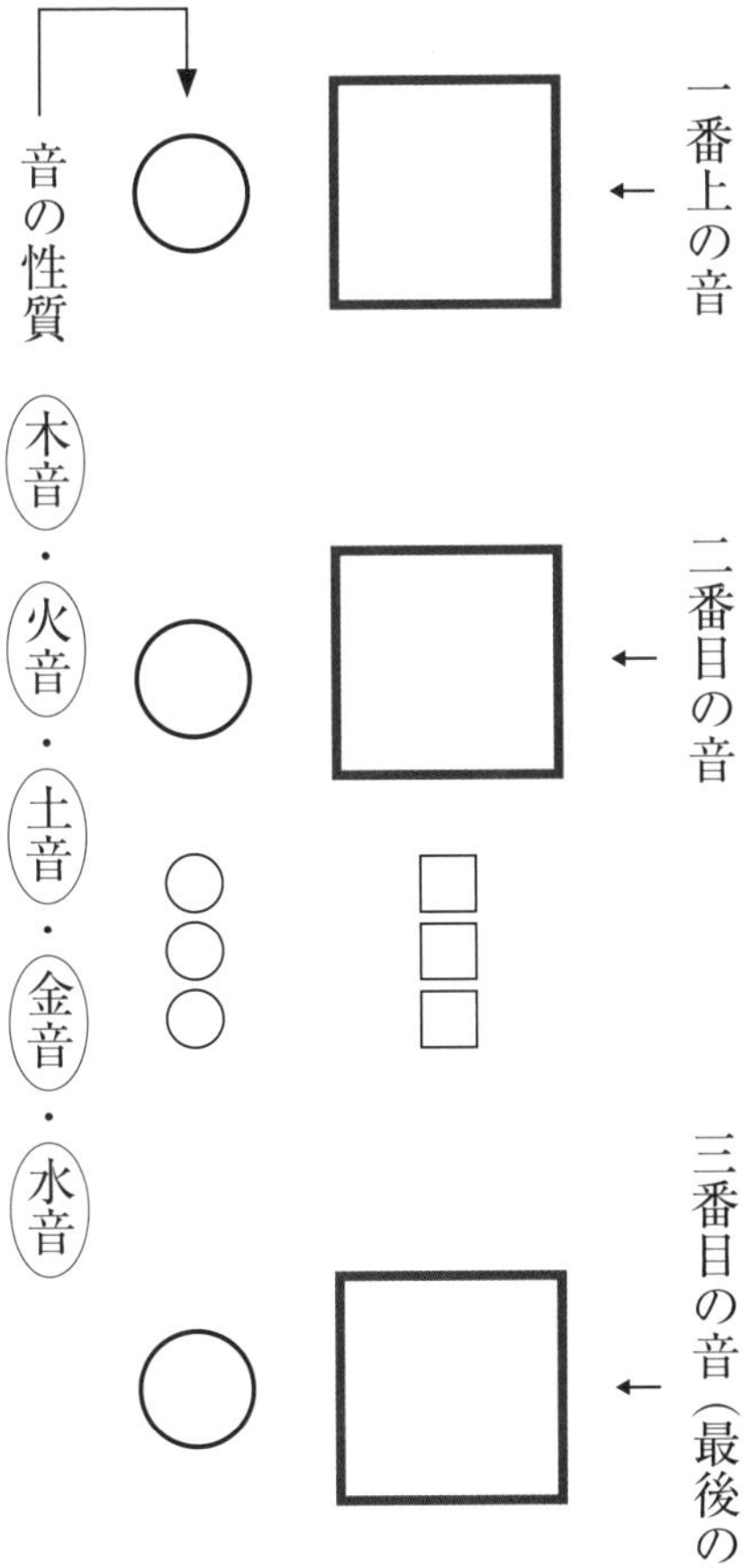

次ページから、名前の音の響きの持つ性質を具体的に詳しくみていきましょう。

Ⅲ　あなたがなろうとしている姿がわかる〔第1音〕

表にみせている性格：あなたが手に入れたいものとは?

木音

第1音が 木 の人（木〇〇）

かきくけこ　がぎぐげご

❶一番目が木音のあなたは

●知的好奇心旺盛で博学をアピールしがち

好奇心旺盛でいろいろなことを知ってみたい欲求の強い人です。それは知的で、広い見聞を持っていることにあこがれを感じるからです。自分がたくさんのことを知っていて博学であると人にアピールしたいと考え、実践していきます。そのため普段から多くの書物を読んだり、人の話を聞いたりして、たくさんの情報を取り入れて努力します。歳を重ねるほどその欲は強まっていき、いろ

かずお　きいち　くにあき

けん　こういち　かずこ

きょうこ　くみ　けいこ　ことみ

いろなところにアンテナを張って、幅広い知識を得ることになるでしょう。

　プライドが高いため、自然と話しかけにくい雰囲気をかもし出してしまい人からは敬遠されがちです。初対面の人に対しては、常に自分のほうが優位に立ちたく、自分の博学をアピールします。自分のまわりは優秀でレベルの高い人に囲まれていたいので、趣味や興味が同じ人だけとつき合い、なんの利益も生まないような人とははじめから友達になりません。明るく朗らかでいようと努めますが、機嫌のいいときと悪いときの態度が極端になりがちでそのまま態度に出てしまいますから、損をすることも多いでしょう。それでもあなたに能力がある場合は、素晴らしいリーダーと尊敬されますからそのままの態度で問題ありません。しかし、能力がない場合には孤立してしまいます。

もともと集中力があり、一つのことにこだわる性質ですから、かなりの才能を開花させることができます。それほど苦しく頑張った自覚がなくても、しっかりと地道に努力をしていきます。自分を売り込むのは苦手で、社会的に認めてもらえるかどうかは、大きな賞をとるとか、自分の才能をわかってくれる力のある人との出会いによります。

見た目は、容姿が整っていて、人もうらやむほどです。ただ外見より内面の充実のほうに関心が強く、外見を飾ることはおろそかになりがちです。若い時はいいのですが、年齢を重ねていくわけですから、もうすこし気をつかったほうがいいでしょう。

仕事はとてもでき、望めばかなり広い人脈を築いていくことができますし、華やかな世界で活躍することができますが控えめです。いい意味でも悪い意味でもマイペースで自分のスタイルをくずしません。ときには人から意地悪されることもあります。ただそういうことには鈍感で気にしませんからそれにも気づかないで過ぎてしまうでしょう。

お金に関心があるように見せるのは嫌だと考えます。基本的にお金には無頓着で、なにかほしい物など本物を求めていきますが、高価であるとか値段を気にしないで買ったりします。お金を使うことは好きですが稼ぐことにはそれほど興味がありません。お金があればあるなりに、なければないなりに生活していきます。とはいえ、生まれつきの能力を生かして仕事をしていきますので、よほど大きな冒険をしない限り生活に困ることはないでしょう。もし何か大金をかけてやりたいようなことが生じたときには、自分の近くの面倒見のいい人がいて、援助してくれるというラッキーな運も持ち合わせます。

火音

第1音が 火 の人（火○○）

たちつてと　だぢづでど
なにぬねの　らりるれろ

❷ 一番目が 火音 のあなたは

● 心が広く情熱的だけど冷めるのも早そう

情熱的で楽しく熱く人生を生きたいという理想のある人です。物質では満たされない心の充実を図りたいと友達や家族と仲良くやっていき、愛にあふれた温かい人間関係を築こうとしていきます。

炎が燃えるかのようにメラメラとものごとに取り組んでいる姿がカッコイイと感じ、そうしている人に憧れます。そして自分もいつも燃えていられるように頑張ります。興味のあることはとにかく一生懸命に集中してやっていくのですが、燃えようと頑張る分、炎が消えるかのように冷めてしまうのは早いかもしれません。でもそれ

たろう　たかし　なつお
りゅういち　れいこ　たつえ
ともみ　なおみ　のりこ　りえ

を人からさとられないで常にテンションが高いイメージをキープするため、演技をしたりして、自分を奮い立たせてかなり無理をすることもあります。

情を大切にしていきたいと考え、自分のことだけでなく周りの人に親切にしていきます。人とすぐに親しくなれるのですが、少しでも自分の思っている人と違うと感じたらすぐに離れてしまい、その時々で親しくする人がよく変わります。それが極端なときがあるので、周りの人たちが戸惑ってしまうこともあります。

見た目は、はっきりした目鼻立ちをしていて顔が整っていて、その美しさで多くの人から注目を浴びます。ただ体型はストレスの度合いによって、すぐに太ったり、痩せたりという変化が見られますから、いい状態をキープするよう心を安定させるようにするとよいでしょう。ファッションは人にどう思われたいかよりも、自分の好きを優先して、自分のスタイルを持ち流行に流されません。着やすく、履きやすく、いいものを好んでいきます。

チャレンジ精神は旺盛で、普通の人ができないかなと思うことも気合で可能にしていきます。頭の回転は速く、集中力があって、なにごともスピーディにすすめていく姿を人に見せたいと考えます。短時間で大きなことを成し遂げたりする実力があるので、これまでも夢を夢とせず、実現させたことも多かったでしょう。大切なのは自信で、自信が持てるほど努力もできてそれが成功のカギとなります。また、自分が前に出るだけでなく、人の能力をきちんと見極められる目も持っています。本人も気づかないようなその人の長所を発見して、引き出し、それを育てサポートしていくことができます。

どのような環境にも対応できる臨機応変さがあり、人の長所を認める心の広さを心掛け、バラエティに富んだ面白い人間関係を築いていきます。世の中で偉い人というような人に対しても動じず、積極的に話をしていき力を貸してもらえるでしょう。

経済的にはずっと恵まれます。お金を使うことは好きですがそれ以上に自分でも稼ぐ力がありますから、財をさらに増やせます。それを困った人のために分け与える心のやさしさや広さも持ち合わせ、寄付なども積極的にするでしょう。ただし、ギャンブルにはまりやすい暗示がありますから、はじめから近づかないようにしてください。

土音

第1音が 土 の人（土○○）

あいうえお　やゆよ　わ　ん

❸ 一番目が土音のあなたは

●信頼性を重んじまじめに冷静にマイペース

危ない橋は渡らずに、着実に堅実に人生を歩んでいきたいと考える人です。一番大切なのは信頼感で、常識的できちんとしている人と言われたい気持ちが強いですから、まじめに慎重に行動していきます。先を見通して、今、多少の我慢をしてもいいと頑張っていきますので、その結果、いい未来が待っています。周りの人が楽しそうに遊んでいても、自分は自分とマイペースで進んでいき、自分の夢や目標を達成します。

信頼を得るために、約束は必ず守り、計画的にものごとを進めていきます。高級なものが好きですが、倹約家

あきひこ　おさむ　やすお

ゆうと　よしお　あつこ

いくみ　やえこ　ゆうか　ようこ

でもあり、自分に必要なものといらないものをはっきり分けて、欲しいものだけを買います。

あなたは見た目が美しいのですぐに人気者になりますが、自分から前に出るようなことは、はしたないことと考え、しません。あくまでも控えめに目立たないようにします。調和を重んじ、気分による浮き沈みがなく、平常心を保ちます。なにか問題が起こっても状況を瞬時に判断して冷静に最良の判断を下していけます。逆に、問題が困難であればあるほど闘志がわき、突き進んでいきます。

印象よく思われたいと、清潔感をとても大切にしますから、老若男女問わず、みんなの心をすぐにとりこにしていきます。もとからスタイルはよく、自分でも気にしていて、年齢を重ねてもほとんどサイズが変わらない人が多いでしょう。几帳面であり、細かい計算も得意で、いつも頭をフル稼働しています。常に自分の周りをキレイにしておきたくて、整理整頓をしています。手先も器用であり、縫物などをさせると正確に手早くすることができますし、お料理なども上手で腕前はプロ級です。

仕事は、どんな職種でもきっちりこなしていけます。ただ、それほど仕事自体にはこだわりがありませんし、出世欲もありません。

友達関係も、広そうにみえますが実際には狭く、もとから仲がいい人を大切にしていき、たくさんの友達が欲しいとは考えていません。人から誘われても、なんでもそれを受けず、その人とのつながりを大切にするというよりはその誘われた内容が自分にメリットがあるのかどうかが重要であり、自分に得と考えればそれに応じます。数が少なくても深く信頼できる人が何人かいれば十分。いい友達は家族と同様に、自分を助けてくれて心の支えとなるでしょう。また友達からも信頼できる人として頼りにされます。友達が困ったときには全力でサポートしてあげる優しさもあります。

経済的には、安定が一番だと思っているので、無駄遣いをすることはありません。お金を集めることは得意で、なにもないところからでもお金を生み出す方法を考え出すことに長けています。貯蓄もきちんとしていきますので、お金で困ることはないでしょう。よいパートナーがいれば、事業を起こしても大きく伸ばしていくことができます。

金音

第1音が 金 の人（金○○）

さしすせそ　ざじずぜぞ

④ 一番目が金音のあなたは

●苦労をみせず華やかな幸せオーラを振りまく

華やかで、品格があり、みんなが憧れるスターのような生き方をしていきたいと思っている人です。平凡を好まず、自分の理想を追求して、実際にそれを現実のものに近づけていきます。自分がやりたいことを若いうちから絞り込んで、それを追求し、かなりの成果を上げていくでしょう。

他人からみると、とても恵まれているようにみえますが、プライベートでは苦労が多くて、かなり神経を使っています。でもスターですから、そのようなマイナス面は絶対に顔には出さないで、いつも自分は幸せで最高と

さとる　しんじ　すすむ

せいご　そうた　さちこ　しずえ

すみこ　せいこ　そのこ

いうオーラを発します。

基本的には明るくさわやかですが、第一印象は近寄りがたい雰囲気があり、また警戒心が強いため、なかなか人と親しくなりにくいところがあります。受け身であり、自分から積極的に誰かに話しかけて仲良くしていこうというのがありません。自分とレベルのあった人とだけつき合う、やたらな人とはつき合わないというのが前提にありますから、初対面の人とは、だれか紹介者でもいない限り、なかなか友達にはならないでしょう。ただ、きちんとした紹介者がいたりして、話が合い、この人はいい人だと思うと一気に心を許していきます。ほめ言葉に弱いですから、いいことを言われると相手は自分をよくわかっているとし、深い話までしてしまいます。ただし、それを悪用する人もいて、余計な話までしてしまい、トラブルに発展しかねないので注意も必要です。

本来、みんなと一緒になにかをしようというのは自分に合わないと感じ、一人で輝きたいと考えています。そのためすでに大きな組織にいる場合は自分が埋もれてしまうと思い、できるだけ外に自分の活動の場を設けたりします。他人の影響を受けるのを嫌い、マイペースで自分のしたいようにするのが生きるスタイルです。

生まれつきの感性はよく、それを磨くことを怠らないところは素晴らしいところです。普通の人が無駄だと思うことに価値を感じていて、生活を楽しんでいくでしょう。文化芸術を鑑賞すること、あるいは自らつくっていくことにも喜びを感じられます。親の影響も強く、早くから専門の勉強ができる環境を与えられて、成功をおさめることが多いようです。

経済的には、お金のことを考えないで済むほどお金持ちになりたいと思いつも、いつもお金のことを考えているところがあり、案外お金にはシビアです。自分にも稼げる力がありますが、人のお金もうまく動かす力があります。

お金を使うのも大好きで、使いすぎたとき、なんとなく困ったら、どこからかお金が入ってくるようなラッキーさがあります。あまりケチケチしたところはありません。貯金も少しずつしていきますが、しっかりとした夢や目標を持つことで貯金をしていくことができます。

水音

第1音が水の人（水○○）

はひふへほ　ばびぶべぼ
ぱぴぷぺぽ　まみむめも

⑤一番目が水音のあなたは

●感性豊かでコミュニケーション能力に優れる

コミュニケーション能力が高く、みんなと広くかかわりながら刺激的な時をすごしたいと思っている人です。新しいものが好きで、時代の流れに乗っていこうとします。流行にも敏感になりオシャレにも気をつかいます。人のこともよくチェックしていて、いいところをどんどん取り入れていくでしょう。

自分一人で頑張るよりも、人と一緒に何かをやっていきたい欲求が強いため、いつも力のある人のそばにいながら、自分を磨いていきます。ただし人に合わせすぎて、本当の自分がいつも出せずにいて、他人からみて幸せそ

はるひこ　ふみお　まさふみ
むつみ　ひろし　はな　ひさこ
みちこ　まゆみ　めぐみ

うにみえていても、いつもどこかに不満を抱えます。

性格は、心が柔軟で、しなやかでやわらかく、誰とでも仲良くできるように、よく計算をしながら動いていきます。相手の形に自分をはめ込んでいくように、相手に合わせていき、気をつかいます。そのため特に力のある人や目上の人から可愛がられて、実力以上のポジションを手にしていきます。

人生においては、あまり流れに抵抗をしないでそのまま受け入れることを美学とします。見た目や考え方はかなり進歩的にみえていても、大切なものは大切にするという一本筋の通ったポリシーを貫きます。楽しいことが大好きで、余計なことを考えないために、どんな苦境に陥っても、明日は明日の風が吹くと考え、あまり深刻になることがありません。

見た目は、もともと美に関心が強くて、自分の美しさも知っているので、それを生かしていこうと相当努力をするでしょう。異性を引きつける容姿ですから当然モテます。

感性は豊かで、コミュニケーション能力に優れます。人を喜ばせる会話術を心得ていますから、新しく知り合った人ともすぐに仲良くなっていくことができます。語学に関しても、話したり聞いたりする力がありますから、習得が速いでしょう。また流行をキャッチする能力があり、いち早く情報を取り入れ人に伝えていくこともできます。表現力があり、歌や演技なども得意で、人を楽しませます。

社会に順応する力があり、家にじっとしているよりも外に出ているほうが自分らしく生き生きと生きられます。仕事も生涯現役というほどずっとしていく場合がほとんどで、しないときにも、仕事に代わる打ち込める本格的な趣味などで人と関わっていきます。

お金には縁があり、たくさん稼ぎ、たくさん使うタイプです。お金がないなと思うとどこからかお金が回ってくる運があります。友達とのランチやプレゼントなど社交にもかなりのお金を使います。ただ見栄を張って必要以上に自分がお金を出すことも多くなってしまい負担を感じることもあり、適度が大切です。お金はできるだけ自分を磨くことを一番に考え、自分に投資していくほうがよいでしょう。いい人たちとの出会いが増えて、収入もアップしていきます。貯蓄するのは苦手で、自分ではなかなか貯めることができませんから、強制的に貯蓄に回せるように対策を考えるか、誰かにしっかりと管理してもらいましょう。

Ⅳ あなたの本当の姿がわかる〔第1音と第2音〕

第1音 木音　第2音 木音　第3音 ○

第1音が 木 で、第2音も 木 の人

❶ 一番目が木音、二番目も木音のあなたは

●負けず嫌いで信念を曲げないアイデアリスト

強い信念のもと自分の考えを貫き実行していく強い人です。たとえそれが周りからどのようにみられようと、非難されようと関係ありません。自分は自分と、信念を曲げることなく自分の思うように生きていきます。

大人しそうにみえますが、かなりの負けず嫌いで、人との競争には強く、どんな手段を使っても勝とうとします。途中過程は関係なく、結果がすべてとし、最終的には自分が欲しかったものを手にして幸せになります。頭の回転は速く、弁

かくと　かんき　きくぞう

げんき　きか　かこ　きくよ

きこ　こころ　ここみ

が立ち、人の前に立ってもあがることなく堂々として、目立つでしょう。いい声も持っていて人の心を引きつけます。

人生は学ぶことが一番大切と思っていて、勉強していることでストレスがなくなります。もともと語学には早い時期から触れる機会があり、語学の才能に優れます。さらに語学を利用して、専門的な分野を研究し新しい分野を開拓していくのもいいでしょう。またカルチャーセンターなどで興味のあることを学ぶ場合も多く、自分自身も先生となり、多くの人たちを指導し、知識を伝授する役割も持っています。

男性でこの名前だと相当優秀でないと理想ばかり言って現実とのギャップがあり、うだつが上がらなかったりしますが、女性はサポートしてくれる人との出会いで、自分の好きな勉強を続けて充実した人生となります。

第1音　第2音　第3音

木音　火音　○

第1音が 木 で、第2音が 火 の人

❷ 一番目が木音、二番目が火音のあなたは

●おおらかで頭脳明断で無駄な労力を嫌う

明るく個性的で天性の魅力で多くの人を引きつけていく人です。頭はよく、のんびりおっとりみえていて、かなりのしたたかさがあります。

あまり細かいことにこだわらず、おおらかで人当たりがいいので、力のある人から気に入られ、自分が思い描いた以上の日々を送ることができます。地道に努力するのは苦手で、正当な手段で進むよりも、人をうまく利用していくでしょう。自分にとって必要なこととといらないことをはっきりと分けていて、無駄な労力を使うことはありません。自分の関心のあることにだけ熱中していき、最小限の労力で驚くほどの成果

かねひこ　かつお　きぬひこ

くにお　くらのすけ　かつみ　きりこ

くにこ　かのあ　ことみ

をあげます。

金銭的なことには浮き沈みの暗示があります。あなたはお金には関心が薄くて、お金を無駄遣いすることはありません。ただ運命的に、家族にお金に関しての不安定さがあり、その影響を受けたりします。本来あなたに入ってくるはずだったお金がなんらかの事情で入らなくなったり、事業を失敗したときに自分とは関係ないことで名前を使われ責任が及ぶ可能性もあります。お金や資産の管理はきっちりしてください。

子供やお年寄りなど社会的弱者という人たちに心配りすることができ、その役に立てることが天命となります。多くの人を助けて、その親しみやすさや美しさからファンも多く慕われるでしょう。

第1音　第2音　第3音

木音　土音　○

第1音が木で、第2音が土の人

③一番目が木音、二番目が土音のあなたは

●やさしく面倒見がよいエネルギッシュな人

明るさとバイタリティで周りの人にエネルギーを与えていく人です。すぐに誰とでも仲良くなれる親しみやすさがあり、やさしく面倒見がいいでしょう。感覚が若いので、若い人ともすぐ打ち解けられます。向上心があり、素直に知らないことを覚えようとしていきますから、いろいろなことでプロ級となります。

平凡な人生を望みますが、強運すぎるため、人生で人の倍以上の体験をすることになるでしょう。困難も多いですが、生命力がありますから、うまく乗り切ります。

寂しいという感覚がないので、一人で生きていく場合も多

こうじ　　きいち　　きよひこ

きょうすけ　　けいいち　　かよこ

かえ　　きよみ　　きわこ　　けいこ

いのがこの音の特徴です。結婚していても相手に頼る気持ちがなく本心もみせず、自分の世界を持ちます。

頭はよく仕事もできますが、謙遜しすぎるところがあります。チャンスを逃してしまいますから、もっと前に出て行って自分をアピールしたほうがよいでしょう。

コミュニケーション能力に優れ、語学の才能もありますから、真剣に学べばかなりの成果をあげます。海外との縁もあり日本と外国を往復しエネルギーを得られるでしょう。

スポーツや文化の方面で貢献する運気があります。運動神経がよく、体を動かすことで、自分の身体も心もバランスがとれます。指導者やスポーツ・芸術の団体のトップとして貢献をしていきそうです。

第1音　　第2音　　第3音

木音　金音　○

第1音が 木 で、第2音が 金 の人

④ 一番目が木音、二番目が金音のあなたは

●おしゃれで話題豊富なチャレンジャー

華やかな世界を生き抜く力を持っている人です。会話一つとっても、人を飽きさせることがなく、楽しませる話題をたくさん持っています。いつも新しいことを勉強してチャレンジをして、それはすべて自分の力となり、仕事にも役立ちます。生活スタイルもおしゃれにこだわり、自分が関わるすべてのことについて、できるだけ快適に過ごせるように工夫を怠りません。

スターの性質を持っているだけに、人にいいところだけみせて弱みはみせず、頼ることも苦手です。社交的にみえますが、実際に心を許すのは、家族や数名の友達だけでしょう。

かじお　かずひこ　かずお

きしのぶ　くすお　かずこ　かずみ

きさ　きしえ　こずえ

あなたは、人当たりはいいものの、かなりわがままなので一緒に生活する人は大変です。そもそも仕事が何より大事で一番になりますから、よほど早い時期に勢いで結婚するか、国際結婚でないかぎり、なかなか家族は持ちません。家庭を持つと円満にしていくための努力が必要です。

人生においてお金を稼ぐことが重要な意味を持ち、自ら事業をしていくことが天命にあります。もし早いうちに自分のつくった会社を持っていればそれが順調にまわり、自分の力を発揮していることが、生きている一番の楽しみになります。会社でなくても、それに代わるような会や組織をつくり、それに集まる人との楽しい時間が生きがいとなります。お金の管理は、知恵を与えてくれる信頼できる人をそばにおけば老後も安泰となるでしょう。

第1音　第2音　第3音

木音　水音　○

第1音が木で、第2音が水の人

⑤一番目が木音、二番目が水音のあなたは

●さわやかで好奇心旺盛で才能豊かな芸術家

さわやかで、純粋な心を持っていて、好奇心旺盛な人です。良家に生まれ、いい両親に恵まれ素晴らしい家庭環境に育つ縁があります。表裏がなく、とても素直。自分の考えがはっきりしていて、時に人に対して厳しいことも言ったりしますが、それほど深い意味はありません。

ワクワクすることが大好きで知らない世界に飛び込む勇気があり、新しい環境を面白く感じ楽しみます。年齢を重ねてもいろいろな大きなことにチャレンジするでしょう。

普段は、とにかくじっとしているのが苦手でいつも動いています。才能は豊かで、特に芸能芸術分野に優れます。自分

かふう　かまと　きぼう

きみと　くめお　かほ　きみえ

くみこ　こはる　こまこ

で楽器を演奏したり、また音楽会に行って楽しむなど、高級な趣味を持ちます。

家族は大切にする性質で、自分の生まれ育った家族も、結婚して自分がつくった家族も、そのまま仲良くしていきます。家の中では一番権力を持って支配する立場になり、他の家族は気をつかいながら生活することになるでしょう。仕事も家族もバランスをとりながら両立します。

人を育てることが天命にあります。自分の得意なことをより深めて勉強をし、その知識や技術を人に伝えていくことになるでしょう。そのためにも普段から健康管理が大切です。またいつも動きが速いので、転倒などのケガには気をつけましょう。

第1音 火音 第2音 木音 第3音 ○

第1音が 火 で、第2音が 木 の人

⑥一番目が火音、二番目が木音のあなたは

●豪快にみえて繊細で律儀な信頼される努力家

豪快でさっぱりとした親分肌な雰囲気ですが、中身はとても繊細で慎重でナイーブな人です。明るさがあるものの、その奥で人には見せない、いろいろな悩みを抱え深刻に考えがちです。それを悟られないように幸せで強い自分をアピールしています。

大変な努力家で、常に向上心を持って、目標を持ってがんばっていきます。人の道を重んじ律義です。善悪の判断がはっきりしていて、中途半端なグレーの部分はなく、どちらかに分類していき、悪い人とはつき合いません。責任感はとても強くて、頼まれたことをきっちりとやりますから大変信頼

たかお　とくぞう　りきや

りくし　にきあ　ちかこ　つきの

のこ　りこ　りか

されます。自分にも人にも厳しく、隙がなく、なんでも完璧にこなすでしょう。

温かい家庭を築きたいと強く願いますが、それが強すぎてしまうと、相手を縛ることになってしまい、ほどほどにしないと関係が悪くなります。

生き物と相性がよく、ペットを飼うことで心が癒され精神的に落ち着きます。人に期待してガッカリするようなことも少なくなり、心の負担がかなり減るでしょう。

一生勉強していくことになりますが、とくにしゃべることが得意ですので、それを生かしたことをすると充実した人生を送ることにつながります。多くの情報を集める能力があり、普段から実行することで、広い人脈を築き、経済的にも潤うようになっていきます。

第1音　第2音　第3音

火音　火音　○

第1音が 火 で、第2音も 火 の人

⑦一番目が火音、二番目も火音のあなたは

●家族思いで賢く芯が強いリーダー的存在

一見控えめながらも、その芯の部分をみると、気性が荒く気ままで、自分のわがままを通していく人です。もとから能力に恵まれていますから、いくら勝手なことを言ってもそれが通ってしまうラッキーなところがあります。

小さいころから頭の回転が速く臨機応変になにごとにも対応していき、トラブルになることがありません。自分では目立ちたくなくても、集まりのリーダー的存在となってしまうでしょう。品もあり、度胸もあって、力のある人に対してもはっきりとものを言い、大きく飛躍していきます。

過去や未来を思い悩むことはなく、今を生きていきますか

たておつねひこてるき

にとのりとたつこつねみ

なるみのりこりな

ら毎日が充実するでしょう。今一番楽しいことをするというスタンスですので、人生に後悔がありません。人に対しては優しい心を持っていて、弱者には親切です。人を学歴や家柄といった条件で判断するようなことはせずに、それよりもその人の持っている能力を正確にみて、自分にメリットがありそうであればつき合っていきます。

一番大切にするのは家族で、家族の繁栄のためによく働いていきます。家族を犠牲にしてまで仕事をするつもりはなく、常にそのバランスをうまくとっていきます。また芸能とは縁があり、人の前で踊ったり歌ったり表現力に優れていますので、いい先生につき、勉強すればかなりの結果を出すことができるでしょう。

第１音　第２音　第３音

火音　土音　○

第1音が 火 で、第2音が 土 の人

⑧一番目が火音、二番目が土音のあなたは

●目標に向かってまっしぐらのユーモリスト

しっかりしていてカッコよく、すべてにおいて完璧にこなす人です。志は高く芯が強く、自分の目標を決めたら達成するまであきらめることなく努力を続けます。どのようなことにも慎重で、落ち度がないように準備をしていきますから、ほとんどの場合自分の願ったとおりの結果を出すことができるでしょう。

きちんとして真面目な一方で、砕けた部分もあり、ユーモアセンスにもあふれます。いい親のもと、ちゃんと教育を与えられて、品格と教養を身につけています。小さな頃から頭はよく、様々な才能に恵まれますが、謙虚すぎて、あまり自

たいすけ　とよお　りゅういち

りょう　のあ　たえこ　ちよ

とわこ　のえ　りょうこ

分からアピールしたり、自慢するようなことはしません。それほど積極的ではなく、人づき合いも限られていて、その能力が知られないこともあるので、自分をサポートして引き立ててくれる人をそばにおくことが大切でしょう。

芸術やスポーツでたぐいまれな才能があり、やればやるほど上達していきます。それによって人のつき合いも広がっていくでしょう。また海外との縁があり、海外にいくことによってエネルギーを得ることができます。語学の能力もありますから、それをしっかり勉強して伸ばしていくとよいでしょう。日本ではいろいろと制限があって動けなくても、海外であれば、自由に楽しむことができ、精神的に楽になり、生きるのも楽しくなりそうです。

第1音　第2音　第3音

火音　金音　○

第1音が火で、第2音が金の人

⑨一番目が火音、二番目が金音のあなたは

●自我が強く頭脳明晰で楽天的な先生気質

おとなしく控えめですが、実は人の前に出ることが得意な人です。自我が強く頭はとてもよくて、技芸に優れます。もとから能力が高いので頑張らなくてもできてしまい、必死に努力をするタイプではありません。気分にはムラがあり、喜怒哀楽を外に表してしまい損をすることが多いようです。よく自覚して気をつけることで、トラブルはかなり避けられます。

責任のある立場は好きではなく、いつも人の下にいたいと思っていますが、なんでも要領よくて短時間でこなしていきますから、結局はいいポジションを得てしまいます。そもそ

たすけ　　とじお　　りすけ

なしひこ　　ちさと　　ちさ　　としこ

ろさ　　りさこ　　なさ

も先生と呼ばれる天命を持ちますので、下のポジションは似合いません。自身もいい指導者に恵まれると実力を発揮でき、運も急上昇します。

家庭運はよく、いつも明るく楽天的ですから、楽しい温かい家庭をつくっていきます。愛情深く、結婚した人にも一生懸命尽くします。

趣味や好きなことを仕事にしていきます。華やかなことが好きで、ファッションセンスもいいので、人からも注目されるでしょう。地味にすると全く魅力が出ないので、できるだけ派手にするようにしてください。また医療関係にも縁を持ち、社会貢献していく人もいます。経済的にはずっと安定していて、お金に困ることはないでしょう。

第1音　第2音　第3音

火音　水音　○

第1音が火で、第2音が水の人

⑩一番目が火音、二番目が水音のあなたは

●ドラマチックな人生が似合う自立した成功者

活動的で絶えず動いていて、平凡を好まず冒険したがる人です。ただ普段は、受動的で、起こることをそのまま受け入れて、対応していきます。話を聞くのが上手で、主張しすぎないので、誰とでもすぐ仲良くなるでしょう。力のある人の懐に飛び込むのも得意です。

朗らかな雰囲気とは逆に、内面は、非常に負けず嫌いで勝気な面があり、芯は強いでしょう。目標を立てたら、手段を選ばず達成し、いい結果を出します。

ドラマチックな人生というほど日々いろいろなことが起こりますが、動じることなく受け入れ、平常心でのぞみます。

たみお　たまろう　ともやす

のぼる　とむ　ちほ　ともこ

りま　るみこ　なみこ

困っている人には親切であり、自分がリスクを負っても助けてあげるやさしさもあります。

家族は大切にしていきますが、基本的に自分はいつも一人というところがあって、依存しすぎません。仕事の能力は高く、アイデアが豊富で、どんな仕事でもテキパキとこなしていき、それが生きがいとなるでしょう。

男性がこの音ですと、運に乗って実力があり意志が強ければかなりの成功が暗示され、地道な努力が実を結びます。女性がこの音の場合は、強すぎて、家に男が二人の状態になってしまいますから、家にいすぎないで仕事を持って外で働くほうがよいでしょう。人の話を信じすぎて、お金の借り入れなどしてしまうと破産することもありますから、うまい話にはくれぐれも注意が必要です。

第1音　第2音　第3音

土音　木音　○

第1音が 土 で、第2音が 木 の人

⑪ 一番目が 土音 、二番目が 木音 のあなたは

●堂々としてものおじしないグループの中心

理想が高く自尊心があり、自分の世界を持っている人です。見た目は控えめで、かなりのやり手で表だってリーダーとして目立つというよりも影の支配者となります。

頭はよく、なんでも器用にこなし、相手の態度や周囲の状況に臨機応変に対応していきます。恵まれた環境の中で育ち、教養を身につけていますので、どんな場所でも堂々としていて、ものおじすることはありません。好奇心旺盛で、型にはまらないので、日本にいるよりも海外へ出て行くことになります。運もいいので計画をきちんと立てられさえすれば大きな成功をおさめるでしょう。

あきひこ　あきと　ゆきお
いくみ　わかし　あきこ　いくの
ゆか　ゆきこ　わかこ

家族には恵まれて、立派な両親に育てられます。自分自身も、いい伴侶を得て、家族をつくっていきます。

友達づき合いではグループをつくるタイプです。自分がどこかに所属していたい心理が働きます。すぐにグループの中心になってしまうことから、軽い発言でもほかの人が手下のように動いてしまってトラブルになりやすいので気をつけてください。

感性がよく芸術的なことにも通じていますので、舞台やコンサートなどをたくさん見ることがストレス発散となります。表現者としても優れていますので、楽器などを演奏したり、絵を描いたり、ダンスをしたりして、練習を積んで、発表をしていくとよいでしょう。

第1音　第2音　第3音

土音　火音　○

第1音が 土 で、第2音が 火 の人

⑫一番目が土音、二番目が火音のあなたは

●若さあふれる行動派で世話好きキャラ

上品で大人しそうにみえますが行動力があり、考え方も進歩的な人です。いつも何かに燃えていたい気持ちがあり、日々の暮らしの中に楽しみをみつけていきます。小さいことにもよく気づいて、世話上手で、それほど自分では負担になっていなくても、相手に最良のケアを与えることができてとても感謝されます。

気持ちはいつも若く、外見も実年齢よりはかなり若くみられます。ファッションにもこだわり、自分が似合うものをよく知っていて、魅力を最大限に引き出します。

平凡な人生では満足せず、時に大胆な決断をして人生を切

あつし　あとむ　ありす

おとふみ　いつき　うの　えりか

ゆな　ゆりこ　よりみ

り開き、自分の居やすい環境をつくっていきます。

家族関係は良好で、子供もよい子が育ちます。熱心に子育てするものの、子供に執着することはありません。早い結婚の場合には、配偶者とは価値観が違ってしまい、離婚することもあります。でもモテますので、支える人が出てきて、新しい人生をスタートさせるでしょう。

経済的には年齢を重ねるほど安定し、お金に困ることはありません。買い物は好きですが、もともと無駄遣いはせず、生活も質素です。

いつもなにか動いていることが運気をよくすることにもつながり、ものの見方も楽観的になります。スポーツでは特に球技がおすすめで楽しんでいるうちに体力もつきストレス発散になります。

第1音	第2音	第3音
土音	土音	○

第1音が 土 で、第2音も 土 の人

⑬一番目が土音、二番目も土音のあなたは

●強さとやさしさを兼ね備えた癒し系

心やさしく、大地のようにどっしりとした安定感があり、あたたかみのある人です。強健な部分と柔和な部分と両面を持っていて、とても魅力的。そばにいる人を癒し元気を与えていきます。向上心があり、野心家で、人によってその二つの顔を使い分けていきます。偉い人に会っても動じない度胸のよさもあり、人生のチャンスのときには思い切った行動ができます。

性格は、正直で生真面目で、一つのことを考えはじめると他のことがおろそかになるほど集中していきます。そこがよさでもあり、欠点でもあります。

ゆうすけ　ゆうじろう　ゆう

ようすけ　えいいち　あや　あゆみ

いよ　あい　ようこ

人を信じると疑うことが全くなくなってしまいますから、信じすぎには注意が必要でしょう。人間の好き嫌いははっきりしていて、感情を表に出さないようにしても出てしまいます。遠慮深かったり、控えめすぎて、肝心な自分の真意が伝わりにくく誤解されやすいので、思ったことをきちんと話す表現力を身につけるようにしたほうがよいでしょう。

芸を習得する力があり、一芸に秀でる人も多くいます。また情報を収集して発信するという才能があり、この音の人はだれよりもいろいろな情報に敏感です。文章を書くことも得意ですから、自分の関心がある分野について、本をまとめてみるのもよいライフワークとなるでしょう。

第1音　　第2音　　第3音

土音　金音　○

第1音が土で、第2音が金の人

⑭一番目が土音、二番目が金音のあなたは

●頭脳明晰だけど偉ぶらないグローバルな才人

華やかでありつつも堅実さも持った人です。優れた才知の持ち主で、時と場合に応じてそれを発揮していきます。ものの見方はグローバルで、先を見通して行動していき目先のことに惑わされずに行動します。

頭脳明晰でかなり賢いですが、自慢したり、偉ぶる態度をみせることはありません。いつも笑顔で、余計なことを言わず、処世術に長けていますから、すごい人脈を築いていくことができます。

人の選別ははっきりしていて、自分にマイナスと思う人間とははじめからつき合わないので、対人関係のトラブルはま

あさひこ　いさお　うしまつ

よしお　やすし　やすこ　よしみ

あさみ　いせこ　よしこ

ずありません。年上の力のある人から気に入られてかわいがられます。

名声も得られ、経済的にも恵まれて、人もうらやむような人生を築いていきます。運気は年齢を重ねるにしたがってよくなっていき、若いころの努力がそのままのちの人生につながっていきます。

家族関係はよく、家族のために尽くします。配偶者と子供は大きな支えとなります。健康面で無理をして家族に迷惑をかける暗示がありますので気をつけましょう。

感性は素晴らしく、美術や音楽など芸術の方面も楽しむ趣味のよさがあります。表現力もあり、指導者として、人生をより豊かに過ごす方法を伝えるような役割を果たしていく天命があります。

第1音　第2音　第3音

土音　水音　○

第1音が 土 で、第2音が 水 の人

⑮ 一番目が土音、二番目が水音のあなたは

●勤勉で控えめで家族運に恵まれた人生を歩む

真面目で勤勉で、おとなしい人です。自分から目立っていくことはなく、消極的で控えめです。実力があってもいつもそれを全部出さないで、余力を残しています。堅実で冒険は好まず、常に慎重に動きます。心配性で、余計なことまで考えてしまって、一人で悩んだりすることもあります。

人当たりがよく、社交的にみえますが、それほど人づき合いはしません。限られた信頼できる人とだけつき合っていきます。人生に何度か大きなチャンスがやってくるのもこの音の特徴です。そこでうまく運に乗れると、生涯安泰となります。

あみひこ　いまお　うみと

えもん　ゆま　ゆみこ　ゆめ

あみ　いほこ　えま

すべて自分の中心は家族にあって、他人よりも家族第一に考えます。細やかな気遣いができますから、家族の仲もとてもよくて、自分の天下となります。子供は素晴らしい才能を持つ子が生まれ、その能力を伸ばします。家は繁栄して経済的にも安定しますから心配がありません。ただし、生まれたときの家族との仲がよすぎてしまって、婚期を逃して独身のこともありますから、そのあたりは気をつけたほうがいいかもしれません。

文化的なことはもともと好きですから、いい指導者をみつけて、その先生のもとでしっかりと勉強することで自分の眠っている才能を大きく開花させることができます。書道や絵画などを特に面白く学べるでしょう。

第1音　第2音　第3音

金音　木音　○

第1音が 金 で、第2音が 木 の人

⑯一番目が金音、二番目が木音のあなたは

●マイペースでおだやかで独創的な芸術家

知恵があり、独創的で、ユーモアのセンスにあふれる人です。愛情いっぱいの中で大切に育てられたため、心がいつも安定しおだやかです。

平凡ではなく、人とは違ったことに興味関心を持って、向学心が旺盛。人の目は気にしないで、自分は自分とマイペースで世界をつくっていきます。なにごとも、始まりが大切であり、そこさえ乗り切れば、いい成果を出すことができます。

品格があり、他人に対しても、とても気遣いができ、感謝の気持ちを持つことができ、人の優劣をつけたりすることがありません。弱者にも優しい気持ちを持って助ける心があり

さきち　さくぞう　しかお

しこう　せかい　さくら　さきこ

しきこ　すがこ　せきみ

ます。目上の人や力のある人からはとてもかわいがられて、大切に扱われます。ただ、それを妬まれるようなこともあり、自分とは合わない環境にいてしまうと孤立しますが、そのようなときにはすぐにその場を離れるほうがよいでしょう。

家族との絆は強く、家族が心の支えとなります。配偶者も立派な先祖を持つ力のある人であり、たいへん頼りになります。

芸術的なセンスのよさがあり、表現する才能にも恵まれていて、歌を歌ったり、踊ったり、楽器を弾いたりすると輝けます。自分も楽しく、人も笑顔にさせることができ、自分の生きがいにもなりそうです。

第1音	第2音	第3音
金音	火音	○

第1音が金で、第2音が火の人

⑰一番目が金音、二番目が火音のあなたは

●人もうらやむ素養と近寄りがたいオーラ

表面は華やかですが、内面に寂しさを持つ人です。容姿端麗で、頭脳明晰であり、人もうらやむような素養を持ちます。品があり、普通の人は近寄りがたいオーラを放っていますので、社交的にみえますが、話しかけてくる人が少なく、人とは狭く深くつき合います。

どんな人生でもいろいろとありますが、この音の場合は、特に運命的に、物事が順調に進んでいるときに思わぬトラブルに見舞われたりして、問題の起きやすさがあります。そこで、短気を起こしてしまってはいけません。焦りは禁物であり、熱しやすく冷めやすいところがあるので、感情に左右さ

さだお　さちお　しろう

そとお　そらた　さら　さり

さとこ　さなえ　しの

れずに、継続的に努力していくことが大切です。そこで焦らずに、もともと芯が強く、打ち負けない魂がありますから、うまく乗り切ればその障害がその人の糧になり発展へとつながっていきます。人のなしえないような功績を樹立することもあるでしょう。

口が達者なので、いらないことまで言ってしまい口は禍のもととなりますので、注意してください。

家族には恵まれて、自分も家族のためによく尽くしますので、仲良く過ごすことができます。

感性が素晴らしく、自分を表現することが生きがいとなります。子供の頃にやっていた習い事や興味があったことを無理ない範囲でやりはじめてみると、それが生きがいとなることでしょう。

第1音　第2音　第3音

金音　土音　○

第1音が金で、第2音が土の人

⑱一番目が金音、二番目が土音のあなたは

●見た目の豪快さと慎重な内面にギャップ

生まれつきの幸運に恵まれて名声を得られる人です。いつも注目を浴びる存在であり、それにこたえようと頑張っていきます。芸術的な感性があり、チャンスを得られれば華やかな成功を得られます。

見た目では豪快さがありますが、実際はかなり慎重でまじめでそのギャップが激しいでしょう。目立つことは好まず、自分がトップに立つよりも誰かのサポートをしていることで心が満たされます。

強運すぎるあまりに、運命はアップダウンが激しくなりそう。ひらめきは強く、成功しても持続する力があるにもかか

しゅういち　しゅん　しょうご

せいじ　そうた　さえこ　さあや

さわ　さやか　じゅんこ

わらず、急に隙ができてしまい転落することがありますから、注意が必要でしょう。特に人をみる目がなくて、警戒心が強い割にはつき合う人を間違えて、騙されたり利用されたりするので気をつけましょう。

異性関係はモテてしまうためいくつになってもトラブルに注意の暗示があります。普段は警戒心が強いのですが恋愛だけは別です。キラキラしたことに心を奪われがちなので、冷静さも持ちましょう。

家庭に入ることは合わないため、ほとんどが独身、あるいは結婚していても干渉し合わない夫婦となります。

仕事はデキる人ですので、国際的にも活躍し、かなりのポジションにつくことができるでしょう。

第1音　第2音　第3音

金音　金音　○

第1音が金で、第2音も金の人

⑲一番目が金音、二番目も金音のあなたは

●熱しやすく冷めやすいスター性のある個性派

強烈な個性の持ち主で頭脳明晰で鋭さがある人です。理想家で、自尊心が強く、普通の人とは明らかに違うオーラを放っています。スターとしての素質を持つので、自分で意識しなくても自然と目立ってしまいます。

熱しやすく冷めやすい典型で、興味のあることとないことははっきりしています。感受性は強く、こだわりのあることとないことが極端で、神経質なところと、まったく気にしないところがあります。毎日、楽しく生きたいという気持ちが強く、なにか悪いことがあってもあまり悲観的にならずに上手に受け流します。負けず嫌いで、闘争的ですが、面倒なこ

ささお　ささじ　さすけ

せすけ　すずのすけ　ささよ　しずこ

しずか　すずこ　せしる

とは嫌いで努力は続きません。人のめぐりはとてもよく、自分を可愛がってくれる力のある人に出会える運を用います。

生まれた時から家族には恵まれて、大人数でわいわいとする縁を持っています。自分自身もいいパートナーと出会うことができ、相手を気遣いながら愛情を注ぎ、にぎやかで明るい家庭をつくっていきます。家族が自分の支えとなり、心やすらぐでしょう。

仕事は才能にあふれるため、チャンスも多く、かなりの評価をされます。周りの人に感動を与える役割があり、いい本や映画を紹介したり、自分でも芝居やコンサートなどで表現したりします。人に影響を与えて感動してもらうことであなたも心が満たされるでしょう。

第１音　第２音　第３音

金音　水音　○

第1音が 金 で、第2音が 水 の人

⑳一番目が金音、二番目が水音のあなたは

●強いエネルギーに支えられた目立つ存在

生命力が強く、形式にとらわれない自由のある人です。すごいスピードで人生の目標を達成しいいポジションを手に入れます。自分の思ったことは口にし、後先考えずに行動を起こします。ただ、明るく元気で活発な雰囲気とは正反対に、人には言えない悲しく沈んだ心があります。ほとんどの場合、それは子供の頃にしなくてもいい苦労をしたことによるものです。

持っているエネルギーが強すぎて、人生は平凡ではなくドラマチックに展開していきます。頭の回転が速く、優秀で、人前に立つのが得意で目立つ存在となります。芸能関係には

さまる　さばと　しばお

すまお　すみと　さほ　しほみ

しまこ　すみえ　すもも

特に才能があります。ただ平凡な職業についてしまった場合は、能力を発揮しにくく不完全燃焼のような気がするかもしれません。仕事とは関係なく自分の関心のある分野の勉強を続けていくといいでしょう。

家族は、いい子供に恵まれ、子供の自主性を尊重しますので、いい親子関係を築くことができます。配偶者は、趣味に生きたり、派手だったり、わがままな人を選びやすく苦労もありそうです。

名誉が人生において重要と考えますので、人のためによく動いて、地位を得たり、団体の中で活動して評価を受けられるよう努力するとよいでしょう。また移動が幸運を呼びますから、できるだけ旅行するなどしていろいろな土地のエネルギーを得てみてください。

第1音　第2音　第3音

水音　木音　○

第1音が水で、第2音が木の人

㉑一番目が水音、二番目が木音のあなたは

●愛情に恵まれ笑顔が魅力のチャレンジャー

いつも笑顔で、誰にでも感じよく接することができる人です。堅い話も軽い話もOKで、バランスがとれています。環境に順応する才知とバイタリティがあり、新しい世界に飛び込む勇気があります。

生まれた環境はとてもよくて、愛情をたくさん受けられます。思春期くらいからは自分の考えがはっきりしていて、安定している道よりも面白そうな道をあえて進むようになり、しなくていい苦労もけっこうしそうです。

欲は強く、現状に満足することなくいろいろなことにチャレンジします。しかし自分が中心で目立とうとはせずに、あ

まきと　まこと　みきお

みこと　みか　まきこ　みきこ

まこ　ふきこ　はこ

くまでもリーダーを支える影の存在となります。

異性関係については、自由人を選ぶ傾向があり、一緒に人生を楽しむことができます。ときに悪い人に騙されることもありますが、それも相手を悪く言わないような人のよさもあります。

頭はいいですが、机の上での勉強にはそれほど興味を持ちません。体を使ったり、何かを表現したりといったことに熱心に取り組んでいき、成果を上げていきます。

人に元気を与えることを天命で持っていますから、みんなが気軽に集まれるカフェやレストランをつくったり、洋服のお店をやったりすることもあり、人が自然と集まってくるでしょう。変化の多い人生なので健康に気をつけてパワーで乗り切ってください。

第１音　第２音　第３音

水音　火音　○

第1音が 水 で、第2音が 火 の人

㉒一番目が水音、二番目が火音のあなたは

●聡明で周りを明るくする聖人のような人

世のため人のために自分の利益を考えずに動く聖人のような人です。おっとりしていて、いつも明るく、気持が平らで、周りの人を明るくさせます。

努力家で志した分野でトップに立ちます。人との調和も大切にしていき、人を支えることにも喜びを感じます。

聡明で知恵があり、人が困っていたらすぐ手を差し伸べる優しさがあります。性善説に立ちながら、困難が訪れても、前向きに乗り越えていくタイプ。人当たりがよく、華やかな交友関係にみえるものの、影の部分もあり、人知れず苦労もしていて、光と影との両面を持ち合わせるでしょう。平凡を

はるき　ひろし　まりお

むねお　もりと　はるみ　ひろこ

ほのか　まちこ　みちよ

好まず、スケールの大きいことが好きで、困難な道にも進んで入っていこうとします。

結婚に関しては、家庭的な部分が欠けていて、そもそも結婚の形態をとること自体に難しさがあります。ほとんどの場合、独身で、結婚していても仕事をするなどして夫婦が経済的にはお互い独立し干渉し合わないでしょう。

趣味は上品で芸術的なことを楽しむことがストレス発散となります。コンサート、舞台や映画などを楽しむことによって、自分が違う世界へ行ったような感覚となり、自身の創作活動にも役立ちます。

人からの信頼も厚く、人生経験も豊富で、人の話を上手に聞くことができるので、相談を受けるような仕事をすることが天命となり、生きがいを感じそうです。

第1音　第2音　第3音

水音　土音　○

第1音が水で、第2音が土の人

㉓一番目が水音、二番目が土音のあなたは

●堅実な人生観と冷静な判断力を持つ信念の人

まじめで、才知にあふれ、よく現実をみながら行動できる人です。一見派手にみられやすいですが、堅実な人生観を持っていて、軽率なことはしません。信念は固く、思ったことはすぐに実行に移していきます。

人当たりがよくて、どんな人とでも上手に会話をしていくことができます。腹も据っていて、ピンチのときほど、冷静に判断することができます。機転が利き、ものごとに臨機応変に対応するので、自然と仕事もうまくいくでしょう。

お金に関しては、細かくしっかり管理していて、アバウトな感じはありません。音楽、ダンス、絵画など多趣味ですが

はやと　ひゅうま　ふゆひこ

まや　まよ　まあさ　まお

まゆこ　もえ　みわこ

ら、お金は使うものの、欲しいもの、本当に必要だと感じるものにしか使わないので、かなりの額を貯金できます。ただし株など投資に関しては、一旦はじめるとその行方が気になり生活全部がそのことだけになってしまうのでおすすめできません。

旅行することがエネルギーをチャージするのにとてもよく、ストレスも減らせます。海外は、たとえ短い時間でも、行けるときがあれば行ったほうが運気も安定します。

また、優秀で、たいへんな勉強家なので、先生として人に指導していくのも合っています。社会に役立つ人材を育てていくことが生きがいにもつながります。

第1音　第2音　第3音

水音　金音　○

第1音が水で、第2音が金の人

㉔一番目が水音、二番目が金音のあなたは

●変化に富み移動が多い人生を歩む進歩派

表面は落ち着きがあり、保守的で地味にみえますが、内面は感情の起伏が激しく、進歩的で後先考えずに行動をする人です。真面目で努力家で与えられたことをスピーディにこなす能力があり、仕事ができます。

プライドが高いため、意外にほめ言葉に弱く、自分を評価しているようなことを言われると、損得を考えずにその人のために力を尽くします。しかしやってあげても、結局些細なことで別れる暗示があり、なかなか人と長いつき合いができません。もともと相手よりも自分が優位に立っていることが大切で、勝手に人を裁いていきますし、考え方も日々変わり

はじめ　ひさひこ　ふじお

まさと　むさし　まさこ　ますみ

みさこ　みずえ　ふさこ

ますから、この音の周りにいる人は振り回され、かなり気をつかい疲れます。

運命は変化が多く、住む場所も一生同じ場所というのではなく、移動がある暗示があります。家族は自分が中心にいて、関係はベタベタしたところがなくクールです。気持ちが乗ったときには一生懸命に家族のために動いたりしますが、違うことに興味が移ってしまったりすると、全く関心がなくなります。

表現力に優れているので、ダンスなど体を動かすことで自分の心のバランスを保つことができます。体力をつけていると、問題が起こっても、気合で乗り越えられてしまいます。派手に着飾り、流行を取り入れていくことで、明るい気持ちとなり、前向きになれるでしょう。

第1音　第2音　第3音

水音　水音　○

第1音が水で、第2音も水の人

㉕一番目が水音、二番目も水音のあなたは

●見識と柔軟性で変化と困難に立ち向かう

どのような人とでもうまくやっていき、新しい環境にもすぐ馴染んでいける柔軟性のある人です。見識が広く、情報を取り込む力があります。逆にいえば、そうしていないと落ち着かず、いつも不満足でそれを満たそうとして、自分の中にたくさんのことを入れようとします。

日々、なぜか悶々としていて、気持ちが晴れず、前に進んでいる気持ちが実感できません。それは、変な劣等感があり、自信のなさからくるところが大きいようです。

人生は変化が多く、困難が多い暗示があり、そこで、積極的に行動し、困難を正面から乗り越えていった人は、ものご

はまと　ひふみ　ふみお

まもる　むめお　ひみこ　みほこ

まほ　まみ　ももこ

とがうまく進み、思ってもみない成功も手に入れられます。しかし消極的で意欲のない人は、障害を越えられずにそのままとなり、人との別れも多くなってしまいます。とにかくこの音の名前の人はよく勉強をして自分に実力をつけることが大切になります。

家族関係には不安定さがあり努力が必要です。男性は考えることが多く気持ちが家の外にあったり、女性は男性以上の力を持つために自分を抑えないとうまくいきません。ストレス発散をお酒や遊びで晴らそうとしますからほどほどにしたほうがいいでしょう。

人との出会い、とくに指導者との出会いが大切になります。海外との縁があり、年齢がいってからでも語学を習得し、世界とつながりを持てば楽しい人生になるでしょう。

Ⅴ あなたの未来がわかる〔第3音〕

❶ 三番目が木音のあなたは

第1音　第2音　第3音

○　○　木音

第3音が 木 の人

●未知なる世界へ冒険に出かけよう

あなたの未来は「冒険」の連続となります。この年齢だからこうしなければならないなどというつまらない考えを捨て、10代の心を忘れずに、いろいろなことをやってみようと考えるようになります。より広い知識を得て、未知なる世界へと出ていき刺激的な体験をしていくでしょう。幅広い分野の情報を得て勉強し、歳を重ねたことで、経験も豊富となり理解できなかったことも理解できるようになっています。

最先端のことでも、興味を持って習得していきます。図書

よしき　　はるく　　げんき

こうすけ　　しんすけ　　ちかこ　　はるか

みく　　さわこ　　よしこ

館や博物館へ行くのもいいですね。アカデミックな雰囲気の中にいるだけでも心地よくなれるでしょう。

老後の資産管理については、しっかりしなければいけない暗示があります。使わなくてもいいことにお金を使ってしまったりして、思いもよらない出費で、経済的に苦しくなりやすいからです。そんな事態に陥らないよう、いつも気を許さないようにしてください。

配偶者とは、よきパートナーでさらっとした関係です。言葉には気をつかうのでトラブルは最小限でしょう。

強靭な肉体の持ち主でタフですが、一回倒れると長引きますから健康を過信しないようにしてください。晩年には医療をよく知っていることが助けとなります。家族の病気や介護などが起こったとき慌てずに対処できます。

第１音　第２音　第３音

○　○　火音

第3音が 火 の人

❷三番目が火音のあなたは

●愛に満ち他者の喜びを糧に社会貢献も

あなたの未来は「愛」で満たされていきます。情熱的に人を愛していき、相手が喜んでくれることが自分の幸せと感じます。自分の好きな人や物だけを周りに置いて、他はすべて排除していきますから、至福でストレスもありません。人間関係は変わりやすいですが、身内、他人にかかわらず、その都度最良の深い関係を築きます。ボランティアやチャリティなど社会的な貢献も積極的に行なっていくでしょう。自分も役に立っていることを実感できてそれがさらに生きるパワーとなります。

老後の資産管理は、強制的に貯蓄していかない限りお金が

こうた　しんた　よういち

ひろと　かおる　にいな　わかな

るり　みつ　こころ

残りません。投資なども目先のことに惑わされず、長い目でみて利益が出るか考えましょう。

配偶者との関係はとてもいいですが、他の異性にやさしくされるとそちらにも心が動いたりします。トラブルにならぬよう慎重な行動を心掛けてください。

健康管理については、それほど熱心ではなく不摂生しがちです。血圧が高くなりやすい傾向がありますから、感情を穏やかにするように心がけましょう。

趣味は、器用なので同じことばかりやっていると飽きてしまうため、一つだけというよりもいろいろなものをたくさんしていきます。その場でできて、時間が短いものがおすすめです。スポーツから芸術までなんでもその時々で楽しいものをしていき充実した時間を過ごします。

第１音　第２音　第３音

○　○　土音

第3音が土の人

③三番目が土音のあなたは

●財を成し安心の老後を迎えられます

あなたの未来は「富」で満たされます。お金がとても人生で大切だと感じ、それを持ち続けるために毎日頭を使い、人にもよく気配りして信頼を得られます。その結果、かなりの財を成すことができるでしょう。富を得たからといって豪遊することはありません。あくまでも身の丈に合ったことをし、無駄なお金は使わないですし、つつましく生活します。余計な社交もしないで、自分に必要な人を厳選してつき合っていくでしょう。

老後の資産管理は若いうちから準備していますからバッチリです。年金の計算ももちろんしてあり、安心して暮らすこ

けい　としろう　たつお

ゆうや　けんや　るちあ　みう

さちえ　とわ　みよ

とができます。ただ相続の問題が生じやすいので、自分の相続については、遺言状を書く前に、生前に権利のある人たちに遺産をどうするか直接話すことで争いを回避できるでしょう。

配偶者とはとてもいい関係です。子供も真面目でしっかりした人物に育ち、支えてくれる存在となります。

健康面は、ストレスをためやすく、精神的な疲れが原因で、あちこち体を痛めてしまう暗示があります。マイナスな気持ちが固まって、しこりとなってしまいますから、いろいろとあっても明るく元気を心掛けましょう。

趣味はお花など植物を使ったものが合っていて、心が落ち着けます。一カ月に一回でもいいので、自然と触れ合うことで、息抜きでき、エネルギーを得られます。

第1音　第2音　第3音

○　○　金音

第3音が 金 の人

④三番目が金音のあなたは

●努力を続けて名声を得て憧れの存在に

あなたの未来は「名声」を得ていきます。努力を続けていき、自分が思い描いたとおりのポジションを手にするでしょう。できるだけ大きな夢を持ち、努力を持続することが大切で、こうなりたい自分にかなり近い、またそれ以上の地位を築き、人脈を広げます。いつも輝いていて、カッコよく、みんなからの憧れの存在となります。もとからこの音の人は容姿端麗で、人にとてもよい印象を与えます。年齢を重ねるほど、内面がそのまま外見となって出てきます。

老後は、資産管理は計画的に、信頼できる人の意見も聞きながら進めていきますので、心配がありません。年金の計算

まさ　あつし　やすし

けんじ　しんじ　あさ　ちさ

みさ　きさ　ちとせ

もきっちりしてあり、老後は安泰です。ただ、欲しいものを即決して購入し、後悔することも多いので、本当に必要かどうか少し考えてから購入しましょう。

配偶者との関係はお互いをよく尊重してほどよい距離感です。支えてもらったり、支えてあげたりして、よきパートナーとして仲良くしていきます。子供運もよく、予想もしていなかったような活躍をしてくれるでしょう。

健康は普段から健康管理をしっかりしていますから、病気は早めにみつかります。

趣味は人前に出るものが合っていて、カラオケやダンスなどはおすすめです。また昔、学生時代にやっていたことを、再度やり始めるのもとてもいいでしょう。

第1音　第2音　第3音

○　○　水音

第3音が 水 の人

⑤三番目が水音のあなたは

●自由にはばたきストレスフリーの人生

あなたの未来は「自由」を得られます。若いころは遠慮してできなかったことも、人に迷惑さえかけなければもっと自由でいいと思い切ってやるようになります。今まで住んでいた家、あるいは故郷も離れて新しい環境で生活をはじめる人もいるでしょう。親戚や友達関係も、無理して嫌な人とはつき合うのをやめて、自分と気が合う人とだけつき合っていきます。言えなかったこともはっきり言うように変わっていき、ストレスなくいけます。

老後の資産管理は、あまり計画性がなく、その場その場でお金を回していきます。交際も派手でお金がかかりますが、

はるま　とむ　よりとも
くれは　たかほ　みま　なつみ
かすみ　まりも　しほ

それも元気の源なので減らさないほうがいいでしょう。金運はあるので、それほど節約しなくても、なんとなくやっていけてしまいます。

配偶者とは良好な関係を築いていきます。他の異性からの誘いも多く、遊ぶことでストレスが発散されて、家ではおだやかにいられます。

健康面は、いつもよくしゃべり、動いていますので、元気です。ただ肉体はもともと強くないので、無理をしてはいけません。また不注意による転倒などのケガにはくれぐれも注意してください。

趣味は、旅行や食べ歩きなど、自分がまだ知らないことを知っていくことで生活が充実します。また歌や楽器も才能がありますからどんどん磨いていきましょう。

第3章

相性

I　音の響きと組み合わせでパターン化

名前の音の響きは、五つの性質に分けられるお話をしてきましたが、人間関係も、それぞれの音の響きからその組み合わせによって、どういう人と仲良くなりやすいのか、なりにくいのかなどを知ることができます。

ピアノで、鍵盤を二つか三つくらい一緒に弾いたときの音をイメージしてみてください。弾く音によってその音同士が調和し心地よい和音をつくったり、逆に耳にうるさく感じる不協和音をつくったりするでしょう。音の組み合わせによって、響く音は変化していきます。

名前の音の場合も同じです。音の関係性にはいろいろなパターンがあって、すぐに仲良くなれる音の組み合わせ、すぐ仲良くなれないが時間をかけて仲良くなる組み合わせ、誰か第三者を入れることで仲良くなる組み合わせなど、仲良くなる方法や適正な距離というのがそれぞれ違っています。あらかじめ名前の音を知っていれば、その人たちがお互いにどのような関係なのかすぐにわかるわけです。また、対人関係で悩みを抱えたときにも、なぜそのようなことになっているのかがみえて、解決の糸口をみつけられます。

それでは実際に名前をみていきます。相性をみるときには、名前の第1音目が重要となります。第1音目には社会的な顔が現れます。他人とのつき合い方を知るときにはこの第1音目をみていきます。それぞれの人の第1音目が五行のどの性質を持つか調べて、図1に当てはめてみましょう。

五行の音は、木→火→土→金→水→（木）の方向に循環していきます。

木音人（カ行）は火音人（タ行、ナ行、ラ行）を助け、火音人（タ行、ナ行、ラ行）は土音人（ア行、ヤ行、ワ行）を助け、土音人（ア行、ヤ行、ワ行）は金音人（サ行）を助け、金音人（サ行）は水音人（ハ行、マ行）を助け、水音人（ハ行、マ行）は木音人（カ行）を助けという構図です。

図1 五音循環図

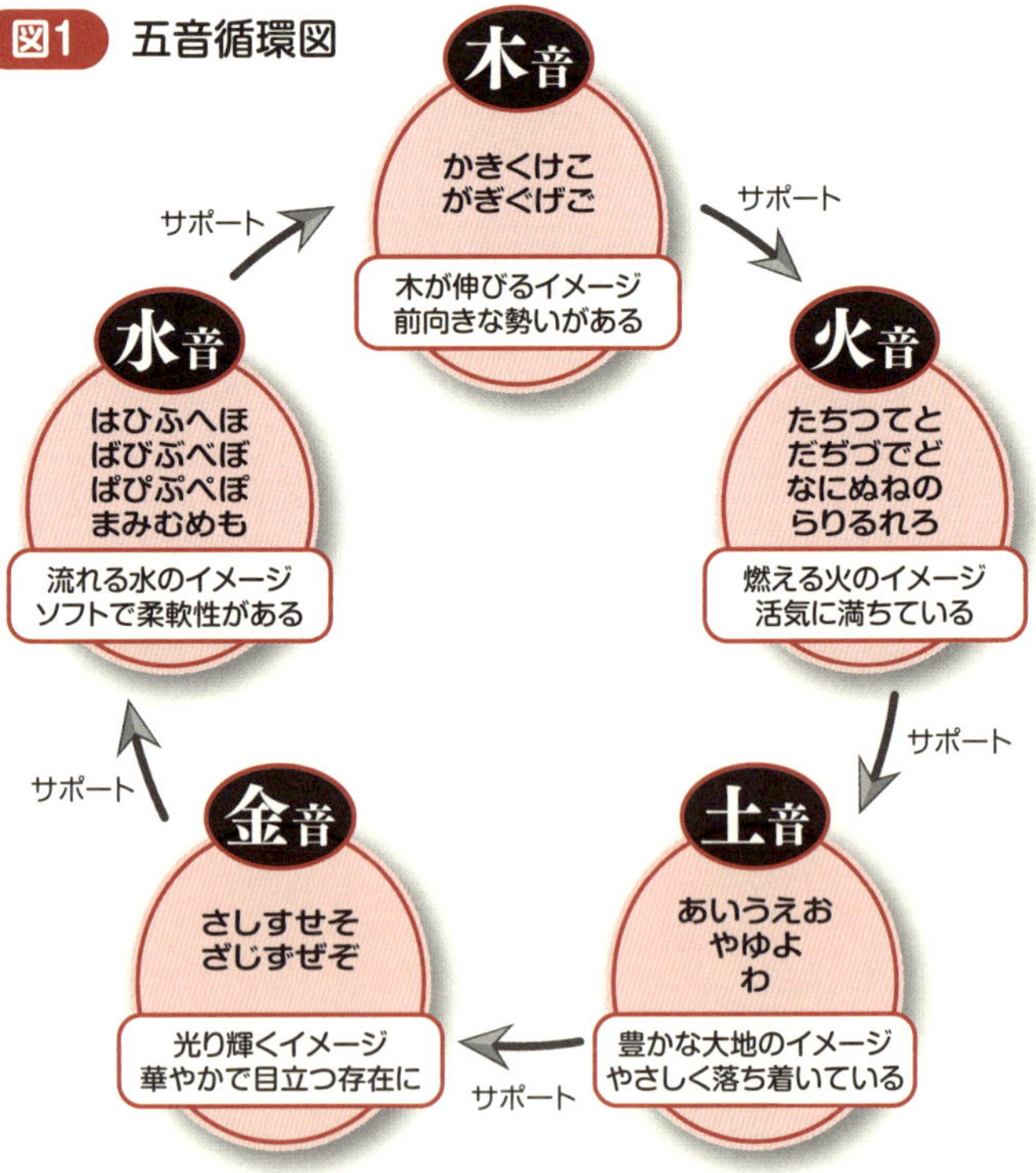

※木音を起点とした五音循環図では、となり同士の音が「相生」となり、サポートしながら発展しますが、一つ飛ばした音同士は「相剋」で、刺激関係となり、お互いのエネルギーを弱め、マイナス面を引き出すことになります。もともとは「木は土から養分を得るから、木が土に勝つ」「火は金を溶かすから、火は金に勝つ」「土は水の流れをせき止めるから、土が水に勝つ」「金属は木を切るから、金は木に勝つ」「水は火を消すから、水は火に勝つ」という関係にありますが、それは一面にすぎません。音の響きでみる人間関係では、さらに五行の相互作用を深く読んでいきます。例えば、土音と木音には、「もともとは養分をたくさん含んだ土のほうが優位だが、木が土から養分を奪っていこうとするので土がそれを食い止めようとして木を潰していく」という関係性があります。このように五行の相剋関係を総合的にみながら、音にあてはめて、人間関係をみていくのが本書です。

これらの音は、それぞれ方位が決まっています。太陽が動くように木音からスタートしてまた木音にもどっていくのをイメージすると覚えやすいです。

木音は、勢いよく、元気なので、東の春の方位、火音は、火が燃えるような強烈さがあるので南の方位、土音は自然の音で五音の母であり、五行の中央に位置します。金音は、悲壮・寂寞の勘を持っていて、西の方位、水音は、軽やかで柔軟性があるため北の方位があてられます。

この順番でぐるぐるとまわっていると、すごいパワーが生まれます。

二人の人がいて、下の名前の第1音目の五行がとなり同士であれば、二人の名前の音は「相生《そうじょう》」（図2）となります。相生とは、生かし合える最高の関係を表します。相生の二人は、無理をして仲良くしようとしなくても自然と気心が通じ合い、いろいろなことを伸ばし合えます。

例えば木音（カ行）のAさんと火音（タ行、ナ行、ラ行）のBさんがいたとします。AさんとBさんは隣同士ですので、相生の関係になりとてもいい相性です。B

図2

相生（生かし合える最高の関係）

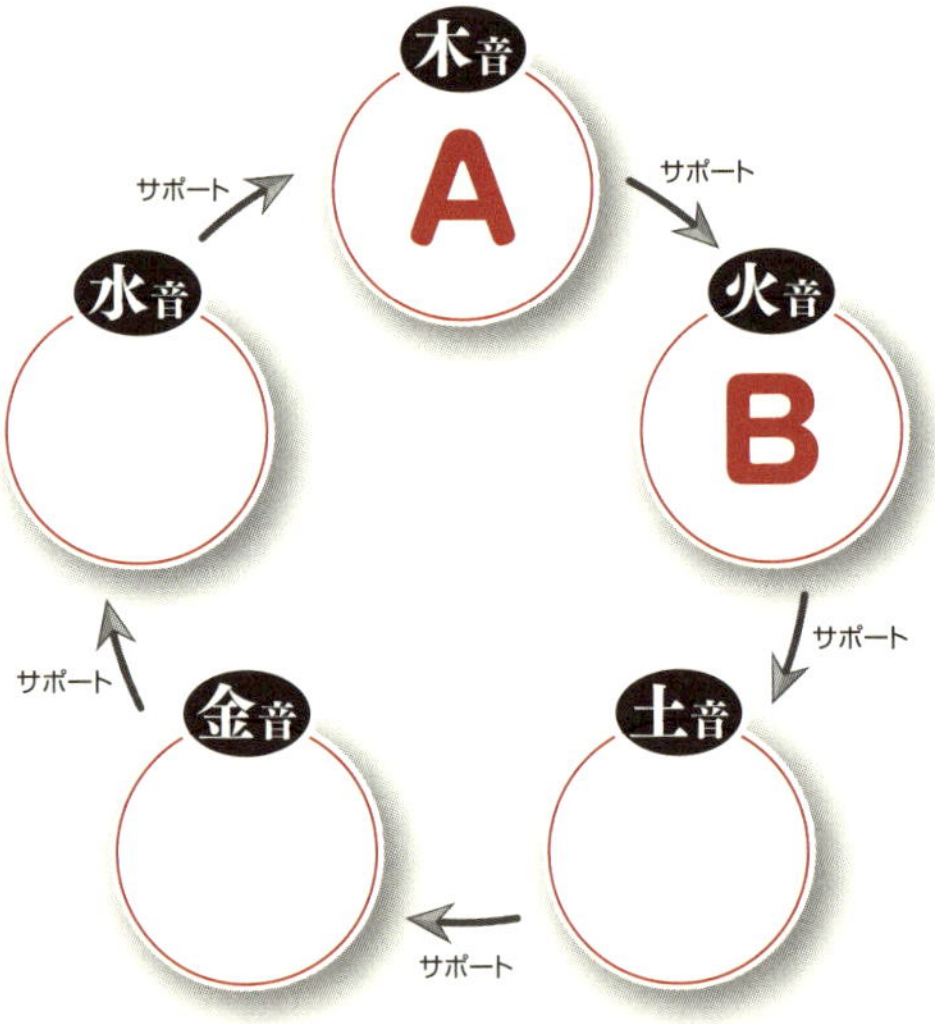

図3

比和（気持ちを理解し合えるパートナー）

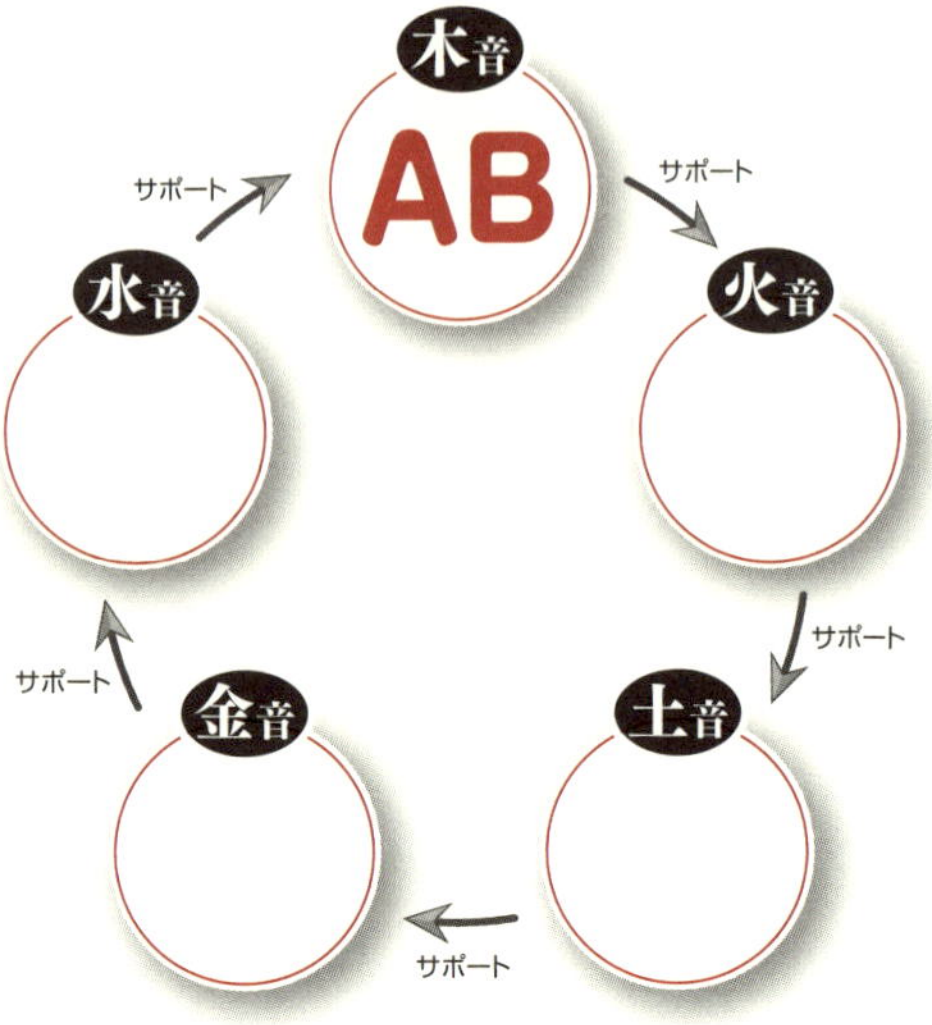

さんはＡさんに支えてもらうことになり、ＢさんはＡさんを守っていきます。隣同士の音であれば、無理をしなくても自然に仲良くなることができますし、よほどのことがないかぎり関係は持続します。

結婚生活では、Ａさん＝男性、Ｂさん＝女性になるのが理想的であり、夫が妻を支えていくので無理がありません。逆にＡさん＝女性、Ｂさん＝男性となると、妻が夫を支えることになり、家庭内では妻が男性並みに働いたり、女性のほうが家の将来設計をしていくなど、自主性が求められ負担がかかりますが、その分、夫は外の世界に出て活躍します。

名前の第1音目の五行が同じであれば、「比和《ひわ》」となります（図3）。比和とは同じ性質を持つことを意味していて、悲しい気持ちや大変な気持ちを互いに理解することができ、いいパートナーとなれる関係になります。ただし性質が同じために、発展性がなく、二人だけでいると二人だけの世界で完結してしまいがちです。できるだけ楽に、大変なことや面倒なことを避けるようになってしまいますので、目標を持って努力を続けることが大切です。

例えば、AさんとBさんが同じ木音のところに入っていると、比和の関係となります。木音同士ですので、木音の持つ知的好奇心が旺盛な二人ですから、友達であれば会話がつきずとてもいい関係です。男女関係では、なんでも話せる友達の延長でいいパートナーとはなりますが、結婚にまでは自分たちで相当無理をして進めないといきにくいでしょう。

名前の第1音の五行が一つ飛ばしたような音になっているのは、「相剋《そうこく》」となります（図4）。循環するサポート矢印の前にいる音の人が後の人よりも優位に立とうとし、後の人を刺激します（図5）。とはいえ、刺激される側もそのままおとなしくしているわけではなく、対抗の策を練っています。相剋になる音の二人が一緒にいると、お互いのよさを打ち消しあってしまい、二人ともいい部分を出すことができません。相生の関係であれば、自然とそのまま仲良くなっていきますが、相剋の関係だと、すぐに仲良くなれず、距離があり、お互いを理解するのは難しいでし

図4
相剋（お互いのよさを打ち消しあう）

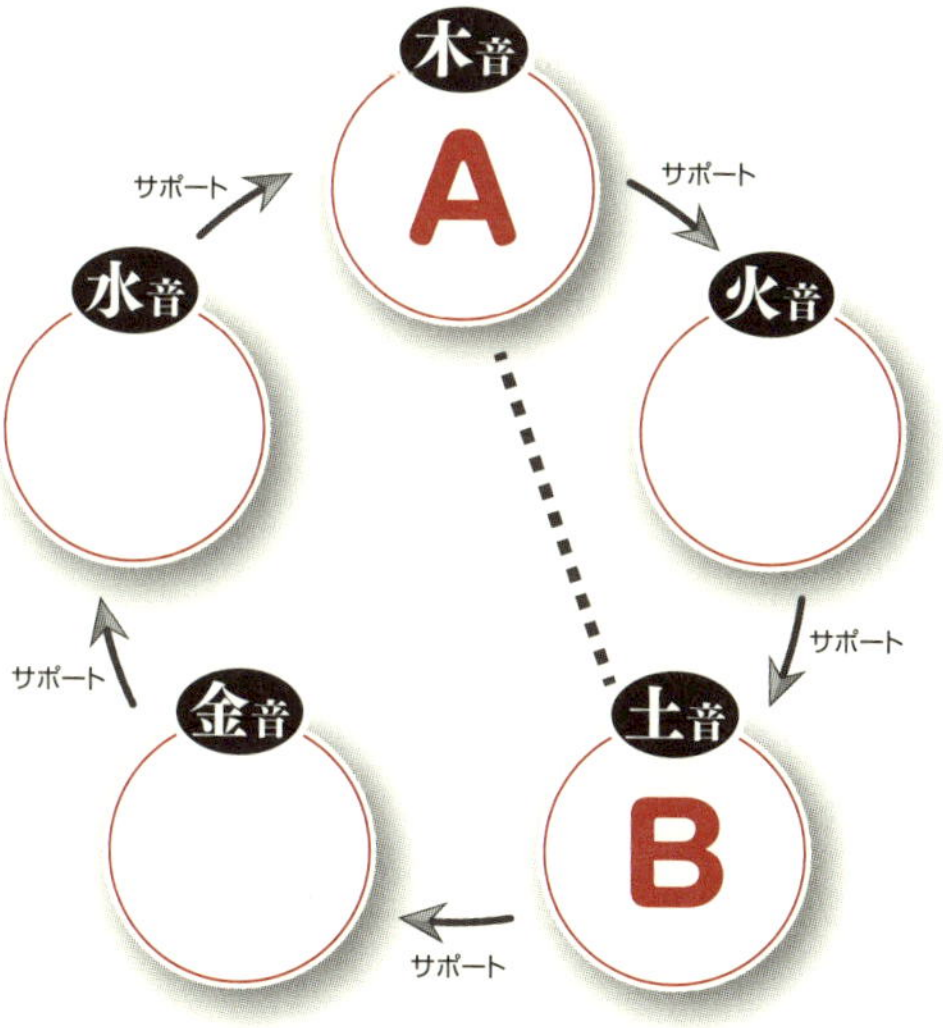

図5
相剋（BはAを刺激する）

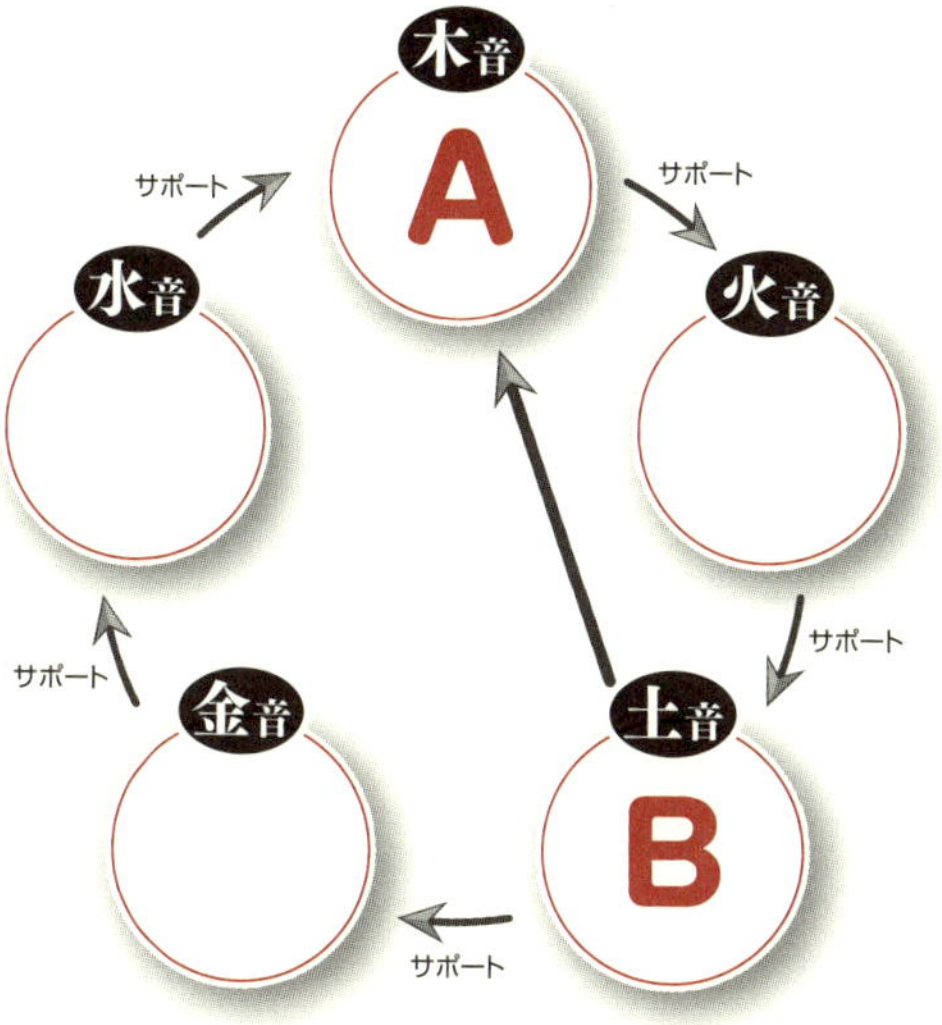

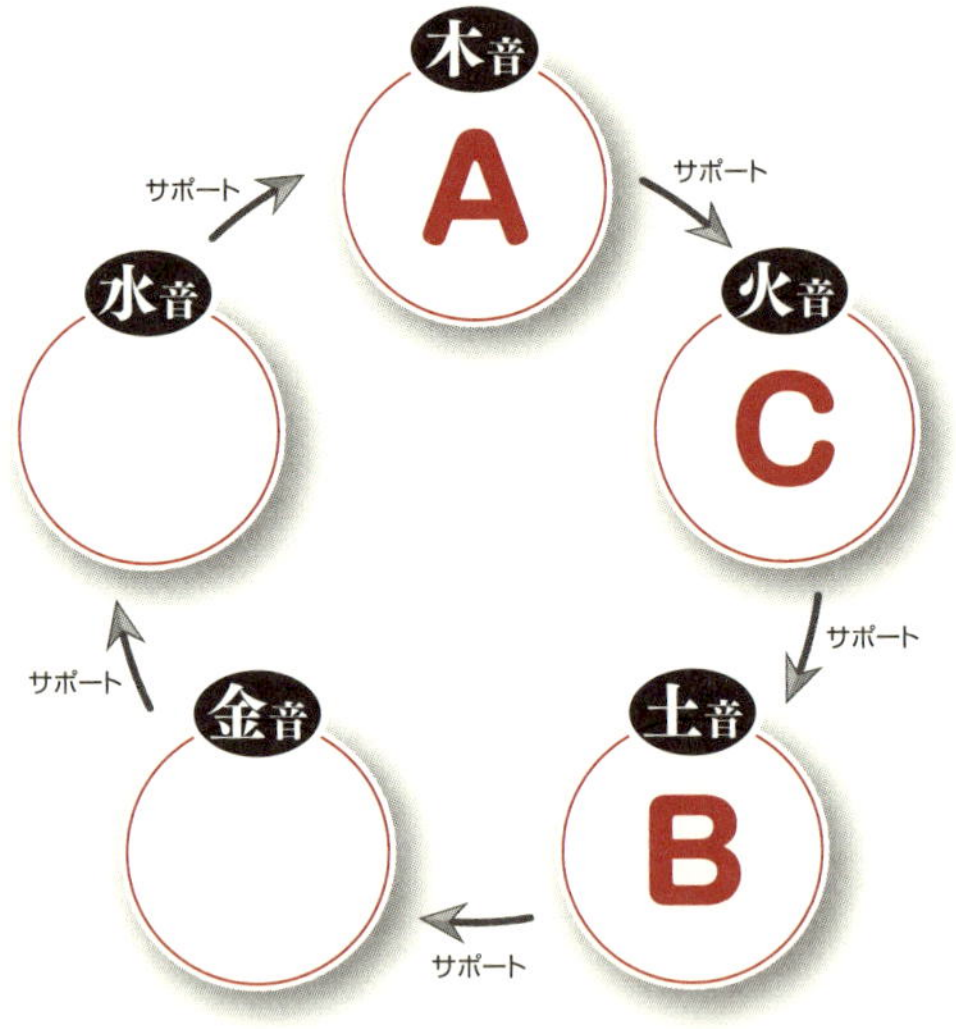

ょう。

ただ、相剋の場合は、お互いの星の間をつなぐ音を持つ第三者を入れることによって、一気にものごとがスムーズに進むようになります（図6）。

最も理想的なのは五つの音がすべてそろうことです。運気が上昇し、ものごとがとてもうまく進みます。

Ⅱ 音の性質でわかる人間関係・家族の相性と役割

人の性質を五つの音によって分類し、それぞれの五つの音は五音循環図（142ページ）に当てはめてその関係がどういったものなのかをみていきます。「友達関係でどうつき合っていったらいいかわからない」「好きな人がいるけれどどうすれば長続きするのか」「家族とケンカが多い」などの悩みを抱えたときに、この図の○の中に、それぞれの人の名前の音を入れてみていくと、明確にその人間関係がみえてきます。

悩みはこれからどうしたらいいのかはっきりしない中にいるから悩みなのであって、この関係性を知れば、明らかになるという意味で諦められます。よければもう少しがんばればいい展開になりますし、よくなければ自分に強いストレスがかかる可能性が大なので、その人に期待しない、その場から逃げる、第三者を入れるといった対処をするとよいでしょう。

木音 × 木音

あなた

★★★☆☆

木音のあなたは、木音の人とは似た部分があり、わかり合える関係です。外見とは違う小心で、繊細なところもわかってもらえ心が楽です。

家庭 木音の人とは仲良く、二人して博学で知識も広いですから話が尽きません。お互いに新しい情報を持っていて、教え合いながら、さらなる野心・向上心を持っていきます。二人の間は誰も入れないような強い絆で結ばれます。

職場 仕事がとてもしやすい関係です。木音の人は仕事ができますので、あなたともペースが合い、成果をあげます。

地域 木音の人と意気投合し、地元のために力を発揮します。

友人関係 木音の人とは会話がなくても一緒にいられるだけで心地よさを感じます。お互いが信頼関係を持って高め合います。

男女関係 よき相談相手から恋人に発展しやすいですが、結婚話になるとトーンダウンします。

火音 × 木音《あなた》 ★★★★☆

木音のあなたは、火音の人とは生かし合える最良の関係です。火の音の人はあなたにたくさんの恩恵を与えてくれます。

家庭 火音の人にとってあなたは一番の理解者であり、必要不可欠な存在です。あなたも火音の人からやる気を得てエネルギーをチャージできるでしょう。

職場 火音の人はヒラメキタイプでアイデア豊富で、それをあなたが現実的にどうしたらいいのかを考え実行していきます。息もぴったりの関係です。

地域 困ったときにはお互いにとても頼りになります。

友人関係 火音の人はずっと一緒にいても飽きないくらい相性がよく、感動するような出来事も多いでしょう。

男女関係 火音の人はあなたといるとパワーが出て、とても必要な存在だと感じています。あなたが決断すれば結婚の相性です。

土音 × 木音《あなた》 ★☆☆☆☆

木音のあなたは、土音の人とはまったく性質が違う相剋の関係です。理解し合うのは難しく、二人でいると微妙な距離があります。

家庭 土音の性質の会話はあなたを批判するように聞こえます。二人だけにならず他の家族も交えていると調和が生まれます。

職場 土音の人によって押さえつけられていると感じ、萎縮して自分のいい部分が出せないので、仕事はチームがよいでしょう。

地域 土音の人は陰の支配者で、味方のふりをして実は敵ということもよくあります。気を許して個人的な話はしないこと。

友人関係 土音の人とは合わず嫌な思いをさせられたりします。火音の人がいると関係はよくなり、いい刺激を受けます。

男女関係 土音の人は魅力があり、彼氏彼女になるのにはいい相手です。はじめはいいですが、次第に土音の人に支配されることになり、ストレスが出てくるでしょう。

金音 × 木音　★★☆☆☆

あなた

木音のあなたは、金音の人とは考え方が全く違い、相剋の関係です。あなたのほうが金音の人よりも優位に立つために、金音の人を支配していくようになり強気でいられます。

家庭　金音の人の行動が自分の思っているものと違っていて、ストレスがたまります。水音の人かペットがいると関係が改善します。

職場　金音の人の発想が面白く、あなたに能力があればうまく使い業績がアップします。ただ金音の人はスピード感には欠けます。

地域　全く気が合わずご近所トラブルになりやすいので、できるだけ近寄らないほうがいいでしょう。

友人関係　二人きりでは合わないので、友達も入れてつき合うことで関係はよくなります。

男女関係　いままで出会ったことがないタイプと思い引かれます。ただしばらくすると欠点が気になり、飽きてしまいそうです。

水音 × 木音 ★★★★★

あなた

木音のあなたは、水音の人とはお互いが生かし合える最高の関係です。水音の人から支えてもらい、あなたも水音の人に恩恵を与えます。

家庭 とても気が合う二人で、旅をしたり、趣味を楽しんだり、一緒にできます。水音の人はあなたのことが大好きです。

職場 水音の人は考えるヒントをくれる貴重な存在。二人でいると大変なエネルギーが生まれ、プロジェクトも成功します。

地域 あなたと水音の人は気が合い、大変なことも積極的に一緒に取り組むので周囲の人にも影響を与えていきます。

友人関係 価値観が似ていて、お互いにいい刺激を受けながら伸ばし合えます。やりたいことがあってその話をしたときには、水音の人はいい情報をもたらして力になってくれます。

男女関係 非常にいい相性で会話が合います。水音の人はあなたといると勇気が湧いてきますし、心からあなたを愛します。

木音 × 火音《あなた》 ★★★★★

火音のあなたは、木音の人とはお互いが生かし合える最高の関係です。木の音の人から支えられ、あなたも木の音の人に恩恵を与えます。

家庭 木音の人があなたの話をよく聞いてくれて、盛り上げてくれます。あなたの才能もよくわかっていて可能性を引き出します。

職場 一緒に仕事をするといい数字を出せます。木音の人はチャレンジャーで目標を高く掲げてくれるのでやりがいがあります。

地域 仲良くなれて、一緒にいてメリットの多い人です。あなたのお家で困りごとがあれば、聞いてすぐに助けてくれます。

友人関係 木音の人の関心があることはあなたの心をつかんで、人生に潤いを与えてくれる関係です。

男女関係 とても相性がよくて、深い愛で結ばれます。木音の人はあなたも気づかないようなあなたのよさがわかり、好きになります。結婚するのにもいい縁です。

火音 × 火音（あなた） ★★★☆☆

火音のあなたは、火の音の人とはわかり合える関係です。大変なことがあり落ち込んでいるときも気持ちを共有することができます。

家庭 あなたと火音の人がいることで活気があり発展していきます。火音の人はあなたが自分を理解してくれるので感謝します。

職場 火音の人はあなたの考え方と似ていて、言いたいこともすぐ伝わり仕事がスムーズに進みます。愚痴を言い合うのにもよく、心がスッキリします。

地域 火音の人とはとても仲良くできます。問題が起こったときには、一緒に戦っていく相手です。

友人関係 火音の人はあなたのことをよき相談相手としてとても信頼し必要とします。ただつき合いが一時的なことが多いです。

男女関係 どこか友達同士のような距離感があります。あまり相手のことに入り込みすぎないようにすれば関係が持続します。

土音 × 火音 ★★★★☆

あなた

火音のあなたは、土音の人とは生かし合える最良の関係です。あなたは土音の人を尊敬し、土の音の人は、あなたに恩恵を与えます。

家庭　土音の人がしっかり将来設計して家計のことも考えてくれます。あなたはそれに従っていれば間違いないので楽です。

職場　土音の人は情熱にあふれ、信頼できる存在です。見落としがちな細かい点も気がつき、指示を出してくれます。

地域　土音の人とは仲良くつき合っていきます。土音の人はどの家とも仲良くしていて、あなたもその仲間になれます。

友人関係　土音の人は生活に役立つ情報をいろいろ教えてくれます。土音の人も、あなたといると明るい気持ちになると感じ、とても大切な友達と感じています。

男女関係　土音の人はあなたのまさに運命の相手であなたの人生に大きな影響を与えます。土音の人もあなたを愛し大切にします。

金音 × 火音《あなた》 ★☆☆☆☆

火音のあなたは、金音の人とは全く性質が違う相剋の関係です。金音の人が優位に立って、あなたにストレスを与えます。ただし土音の人が加わることで、関係はよくなります。

家庭 金音の人はあなたにプレッシャーをかけるので、あなたは能力を出しにくくなります。他の家族も一緒のほうがいいです。

職場 金音の人は威圧的な雰囲気があるので二人では仕事をしないことです。チームでも金音の人はあなたには厳しそうです。

地域 金音の人の非常識に唖然としそうです。理解し合うのは難しく、二人でいると微妙な距離があります。

友人関係 金音の人とは考え方が違いすぎ、さらにあなたの話をきちんと聞いてくれません。会話も全くはずみません。

男女関係 金音の人は素敵にみえます。ただあなたのよさはわかってもらいにくいので、第三者に入ってもらってアピールして。

水音 × 火音 ★★☆☆☆

あなた

火音のあなたは、水音の人とは考え方が全く違い、相剋の関係です。あなたのほうが水音の人よりも優位に立つために、水音の人を支配していくようになり強気でいられます。

家庭 あなたは水音の人のことをいつもチェックしています。不満も口にして、間に誰か入ってくれないとケンカしやすいです。

職場 水音の人の軽さが気になります。仕事をきちんとするよう注意しても、思い通りに動いてくれず、ストレスがたまります。

地域 あなたは水音の人のことがなんとなく気に入りません。水音の人はあなたを怖い人と感じています。最低限のつきあいに。

友人関係 水音の人はあなたのいうことを聞くのですぐ仲良くなります。ただ水音の人はあなたの言葉に傷ついているので注意。

男女関係 水音の人にとってあなたは太陽のように輝く存在。忘れられないような恋に落ちます。わがままの言いすぎには注意。

木音 × 土音 ★★☆☆☆

あなた

土音のあなたは、木音の人とは考え方が全く違い、相剋の関係です。あなたのほうが木音の人よりも優位に立ち、強気でいられます。

家庭　あなたは木音の人の自由な行動が気になりいろいろと指摘してしまいます。経済的なことにも無頓着で問題があります。

職場　木音の人は言うことは大きく素晴らしいのですが結果を出しません。あなたの頭脳明晰さに木音の人は圧倒されるでしょう。

地域　あなたと木音の人とは合いません。あなたがよくしてあげても木音の人は感謝薄。距離をとったほうがいいです。

友人関係　仲良くなるのに時間がかかりますが、木音の人はあなたが知らないことをたくさん知っていて面白い存在です。

男女関係　木音の人のなんでも知っていて理想が高いところにあなたは引かれます。ただ木音の人はお金に関心が薄く、つき合うと価値観の違いを感じそうです。

火音 × 土音 ★★★★★

あなた（土音）

土音のあなたは、火音の人とはお互いが生かし合える最高の関係です。火音の人からエネルギーを与えられ、あなたも恩恵を与えます。

家庭 火音の人があなたにパワーを与えてくれて、とても心強い存在です。良き相談相手になってくれるでしょう。

職場 あなたのことを火音の人は高く評価をしてくれて、力になってくれます。火音の人と一緒だと仕事がはかどります。

地域 いいときも悪いときも助け合えるとてもいい間柄になります。お互いの家族同士も仲良くなれるでしょう。

友人関係 火音の人は人生の楽しさを教えてくれる大切な存在です。あなたのことが大好きでいつまでも仲良くしたいと思います。

男女関係 あなたと火音の人とは相性がよく、激しい恋に落ち、結ばれます。火音の人はあなたを熱烈に愛します。人生を一緒に楽しく歩んでいけるでしょう。

土音 × 土音
あなた

★★★☆☆

土音のあなたは、土音の人とは分かり合える関係です。辛く悲しい気持ちを共有し、愚痴を言い合ってストレスが発散できます。

家庭 普段はお互い干渉しませんが、なにか問題が起こると結束します。一緒にいるだけで二人とも気持ちが楽になります。

職場 土音の人はあなたをよく理解してくれ、常に味方になってくれます。事務的作業の仕事を一緒にするには最適な相手です。

地域 それほど仲がいいわけでも悪いわけでもなく、微妙な距離があります。家のことを詮索しなければトラブルはないです。

友人関係 信頼関係で結ばれて、一緒に楽しい時間をすごせます。二人で外に遊びに出るよりも室内で話をするほうを好みます。

男女関係 土音の人はあなたといると心がやすらぎ幸せな気分になれます。はじめは友達だったのが次第に恋愛に発展していくパターンも多いでしょう。楽な相手です。

金音 × 土音《あなた》 ★★★★☆

土音のあなたは、金音の人とは生かし合える最良の関係です。あなたは金音の人を支えて、金音の人はあなたに明るさを与えます。

家庭　仲良しの二人で、金音の人がキラキラと活躍するようあなたが全面バックアップします。金音の人もあなたに感謝します。

職場　金音の人が積極的に動いていくので、あなたも一緒に行動します。仕事は意気もぴったりで無理なくいい成果をあげます。

地域　金音の人と親しくなり、自治会などで、役員も楽しくできます。金音の人が先頭に立ちあなたは陰の支配者となります。

友人関係　親友になれるとてもいい相性で、あなたは金音の人の生き方に共感。金音の人はあなたから堅実な生き方を学びます。

男女関係　あなたと金音の人はとても深い愛で結ばれています。金音の人は、あなたはしっかりものでなんでも任せて安心と思っています。結婚も希望すればそのように進みます。

水音 × 土音《あなた》 ★☆☆☆☆

土音のあなたは、水音の人とはまったく性質が違う相剋の関係です。水音の人はあなたのまじめすぎるところを見ているだけで疲れそうです。金音の人も交えるととても関係がよくなります。

家庭 水音の人はあなたに細かいことを言ってきます。反論するのも面倒でしょう。他の家族が一緒にいると静かになります。

職場 水音の人はスピーディすぎて、そばにいるとペースが違うなと感じそうです。違和感を感じたら他の人に相談をしてみて。

地域 あなたが水音の人に何か信頼して話をすると、それが広まる恐れがあります。会話は最小限にして気をつけてください。

友人関係 水音の人はわがままで、あなたが振り回されないようにしてください。二人きりでは会わないほうがいいです。

男女関係 水音の人はあなたのまじめで堅実なところをすばらしいと感じ尊敬し合ういいカップルとなります。

木音 × 金音 ★☆☆☆☆

あなた（金音）

金音のあなたは、木音の人とはまったく性質が違う相剋の関係です。木音の人は優秀ですごいとは感じますが、緊張し話題が合いません。水音の人も一緒であればとてもリラックスして仲良くなれます。

家庭　家族でありながらも考え方が違うので理解しにくい関係です。発言に気をつけないと、ケンカも多くなるので気をつけて。

職場　木音の人とは対立します。ただ木音の人のアイデアの豊富さやひらめきは素晴らしく、自分の仕事の参考になります。

地域　木音の人はつき合いにくい相手です。いくら気をつかってもわかってもらえないので近づかないほうがいいです。

友人関係　相性が合わず、木音の人はあなたのネガティブな部分を引き出します。他の友達も交えて会うようにしましょう。

男女関係　木音の人はあなたのことを華やかで素敵な人と感じます。彼氏彼女として、いい関係を続けられるでしょう。

火音 × 金音

あなた

★★☆☆☆

金音のあなたは、火音の人とは考え方が全く違い、相剋の関係です。あなたのほうが火音の人よりも優位に立って支配します。

家庭 火音の人に厳しさがあります。あなたは完璧すぎてすべて正しいので、火音の人はどう接していいかわからないようです。

職場 あなたは火音の人のよさを評価できず話もかみ合いません。火音の人のやることはあなたをイライラさせてしまいます。

地域 火音の人は自分の言いたいことだけ言って、あなたの言うことも聞きませんし、機嫌の良し悪しで言っていることが変わったりします。距離をおいたほうがいいでしょう。

友人関係 火音の人といると面白いですが、気を許すとトラブルに発展しがちです。土音の友達も入れてつき合いましょう。

男女関係 火音の人はあなたの上品で華やかなところが大好き。ただ、気をつかいすぎるので、つき合い続けるには努力が必要です。

土音 × 金音 ★★★★★

あなた

金音のあなたは、土音の人とはお互いが生かし合える最高の関係です。土音の人から尊敬され、あなたも土音の人を助けます。

家庭 土音の人はあなたの意見を尊重してくれてよく話を聞いてくれます。あなたの夢の実現をしっかりサポートしてくれます。

職場 土音の人がいい計画を立ててくれて、あなたは言われたことだけをやって成果をあげられます。最高のパートナーです。

地域 とても仲良くできる相手です。あなたは話しかけられにくい雰囲気なので、あなたのほうから土音の人に近づいてみて。

友人関係 親友になれる二人。土音の人は友達を積極的につくりませんが、あなたは別で、土音の人のあこがれです。

男女関係 本当にいい相手で、魂の結びつきの強い縁のある二人です。土音の人は、あなたのことを心から愛し必要としていきます。年齢にかかわらず、結婚までいく可能性大です。

金音 × 金音（あなた） ★★★☆☆

金音のあなたは、金音の人とは分かり合える関係です。辛い気持ちや悲しい気持ちを共有することができ、心を救ってもらえます。

家庭 価値観がぴったりで、友達同士の感覚で仲良し。金音の人もお金を稼ぐことに関心が薄く使うのが好きで気が合います。

職場 大変なときに励まし合える関係で、難しい仕事もスムーズに進めていけます。高い目標を立てるとさらに成功します。

地域 お互いが適度な距離でつき合っていきますのでトラブルなくいけます。問題が生じてもよく相談して切り抜けられます。

友人関係 金音の人は親兄弟よりもあなたのよき理解者です。大変なときには助けてくれ、金音の人もあなたに助けられます。

男女関係 あなたも金音の人も、失恋など落ち込んでいるときに出会い、引かれ合っていきます。結婚になると障害が多く、つき合いを維持するのには相当努力が必要で、自然消滅もあります。

水音 × 金音

あなた

★★★★☆

金音のあなたは、水音の人とは生かし合える最良の関係です。あなたは水音の人を尊敬し、水音の人は、あなたを必要とします。

家庭　水音の人があなたができるだけ外で活躍できるようよく手伝い、サポートをしてくれます。あなたも水音の人が家でくつろげるように気づかっていきます。とてもいい関係です。

職場　水音の人はあなたを高く評価していて、まわりの人にそれを知らせてくれます。一緒に仕事をするといい成果を出します。

地域　水音の人が活発に動いてくれるので、あなたは言われたことだけしていればいい感じです。行事等を協力し盛り上げます。

友人関係　水音の人と強い絆で結ばれていて、話も合い、大変なときに頼りになります。親族よりも仲良くなれるでしょう。

男女関係　相性がぴったりと合いラブラブです。お互い過去も気にしません。あなたのことを誰よりもわかってくれる相手です。

木音 × 水音《あなた》 ★★★★☆

水音のあなたは、木音の人とは生かし合える最良の関係です。あなたは木音の人を支えていき、木音の人はあなたに恩恵を与えます。

家庭 木音の人はあなたの最大の理解者で元気にしてくれます。木音の人は優秀ですからたくさんのことを教えてくれます。

職場 木音の人は向上心がありチャレンジ精神が旺盛で勢いがあります。モチベーションを上げてくれて仕事も楽しくできます。

地域 木音の人は、自分のために動くので人に関心が薄く地域の活動も最小限。相性は悪くないものの、つき合いは薄いです。

友人関係 木音の人とは親友になれます。あなたの長所を引き出してくれる貴重な存在。あなたの世界を広げてくれます。

男女関係 自分のほうが好きになって、アタックしていき、木音の人もあなたを好きになるパターン。結婚する相性でもあります。木音の人に尽くすことがあなたの喜びで、幸せな気分を味わえます。

火音 × 水音

あなた

★☆☆☆☆

水音のあなたは、火音の人とは全く性質が違う相剋の関係です。火音の人はあなたに威圧的ですのでわかり合うのが難しい相手です。

家庭　あなたが気がつかないうちに火の音の人の感情をさかなでするようなことを言いやすく、ケンカになりがちで注意。誰かほかの家族もいるようにしたほうがよいでしょう。

職場　火音の人の情熱がありすぎてあなたは負担に感じてしまいそうです。チームで動くときはそれがプラスに働きます。

地域　火音の人は警戒しなければいけません。味方のふりをして、急に敵になる可能性があります。余計な話はしないこと。

友人関係　火音の人は気分屋であなたが我慢することになってしまいます。木音の友達も一緒だと、関係はとてもよくなります。

男女関係　彼氏彼女はとてもいい関係です。自分にはない部分があって楽しいでしょう。結婚はよほどあなたの頑張りが必要です。

土音 × 水音《あなた》 ★★☆☆☆

水音のあなたは、土音の人とは考え方が全く違い、相剋の関係です。土音の人よりもあなたが優位に立ち、支配していきます。

家庭 土音の人が臨機応変になかなか動かない様子にイライラします。あなたの思いをわかってもらえずストレスがたまります。

職場 土音の人はあなたの社交性を高く評価しています。土音の人は事務的能力が高く、一緒に仕事に取り組むと大きなプロジェクトも成功します。

地域 土音の人が近所になってしまうと難しい相手になります。社交性に欠け嫉妬しやすいので近づかないほうがいいです。

友人関係 誰か間に入る人がいない限り、なかなか友達にはなりにくい相手です。心を許さず近づかないようにしてください。

男女関係 彼氏彼女になるのにはとてもいい相手です。忘れられない恋となります。結婚はしにくく、無理に進めると別れます。

金音 × 水音 ★★★★★

あなた

水音のあなたは、金音の人とはお互いが生かし合える最高の関係です。深い部分でつながりを感じられる相手です。

家庭　金音の人はあなたのことをよくみていて必要なときにはすぐ助けてくれます。話題も豊富で多くのことを教えてくれます。

職場　あなたのアイデアをうまく金音の人はまとめてくれて、表現してくれます。お金のことになると二人してアバウトなところがあるので、第三者を入れたほうがいいでしょう。

地域　とても仲良くつき合っていける関係です。活発に交流していき、収穫も多いでしょう。

友人関係　お互い信頼しあえて、一緒にいると楽しく、精神的にもリラックスできます。生活に華やかさをもたらしてくれます。

男女関係　相性は最高です。あなたの素直で明るいところに金音の人は心惹かれていきます。結婚するのにいい相性でもあります。

水音 × 水音

あなた

★★★☆☆

水音のあなたは、水音の人とはわかり合える関係です。気持ちを許せて、気をつかわず、一緒にいられてとても楽です。

家庭 よくコミュニケーションができて、とてもうまくいく関係です。水の音の人の話は面白く、楽しい時間を過ごせます。

職場 水音の人は、困ったときや大変なとき、味方になってくれます。たくさんの情報を持ち仕事もやりやすいです。

地域 水音の人とはご近所づき合いも適度な距離でいい関係を保てます。困ったことがあったら親身になって対処してくれます。

友人関係 一緒にいてとても心地よい人です。相談をすると自分が期待していた答えを出してくれてあなたの心を癒します。

男女関係 あなたの感覚と水音の人の感覚はぴったり合い、ずっと一緒にいても飽きない相手です。結婚はあなたがかなり動くことで話が進みます。

第4章

名前に関するQ＆A
こんなときどうする？

11の質問にお答えします

回答者：宮沢みち

Q1

セカンドネームを持つとよいと言われましたが、自分で勝手に変えていいのですか？　改名届を出して戸籍も変えたほうがいいのでしょうか？

A セカンドネームは自分で決めてかまいませんし、改名届を出す必要もありません。名前はどれだけ呼んでもらえるかが最も大切です。生まれたときにつけられた名前のほうが人生に与える影響は強いものですが、長じて自分の願いごとや夢を託して選んだ名前のパワーが発揮されるかどうかは、戸籍を変更してもしなくても、どれだけ多くの人にその名前で呼んでもらえるかにかかっています。たとえば、タレントさんの芸名もそうですね。戸籍名は「けんじ」だけど芸名は「あい」という方もいらっしゃいます。あいちゃん、あいさんと呼ばれることが増えると、本人も「あい」として生きていくことが自然になります。「彼女」はもはや「あい」という音の響きに強く影響された人生を歩んでいるわけです。広く芸名で知られている俳優さんでも、友人や仲間といるときは本名で呼ばれている人もいます。本名もセカンドネームもどちらも大切にしていけばよいのです。

セカンドネームをつけて、名前の持つ響きの影響を強く受けたいという人は、ぜひ周囲の人に新しい名前で呼んでもらうようにしてください。その名前で呼んでほしいという意思を示して、呼んでくれる人を増やすほうが戸籍を変えるより大切なことなのです。まずは、新しい名前で名刺をつくったり、ことあるごとに自己紹介したりして、名前を浸透させましょう。

Q2

親に大吉の名前をつけてもらったのですが、結婚で苗字が変わりました。そのことで元の名前の運勢は変わってしまうのでしょうか。また先々離婚するようなことがないようにするにはどうしたらいいでしょうか。

A ご相談で一番多いのがこの質問です。結婚して苗字が変わっても、生まれたときにつけてもらった名前の力が衰えることはありません。よい名前の人はよい人と巡り合い幸せな結婚をしているはずです。

将来、離婚という事態にならないかご心配のようですが、名前のせいでうまくいかないということもありません。よい名前の人はどんなときでも名前に守られています。万一、離婚という事態になっても、名前は新しい人生に一歩を踏み出すための後押しをしてくれていると考えられます。そのときは、離婚という決断自体、あなたにとって必要で正しいということですから、ネガティブに考える必要はありません。よい名前は常にあなたの味方です。自信を持って結婚生活を送ってください。

Q３

自分の名前が好きになれなくて、なるべく名乗らないようにしてしまいます。これまでニックネームをつけられたこともなく、親しい友達にも恵まれません。何とか生き方を変えたいと思うのですが、いい方法はないでしょうか。（すずこ52歳）

A すずこさんのお名前は第1音にも第2音にも金の性質を持つ華やかなお名前です。たいへんよいお名前ですが、かなり体力・知力が揃っていないといわゆる名前負けをしてしまうおそれがあります。それ相当の努力が必要でしょう。ただ年齢を重ねていくにしたがって、勉強を通じて、次第に名前に合った自分となり、そのときにこの名前のよさが光ってきます。

現実的に、まだ「すずこ」の名前が好きになれていないというのであれば、名前のほうが本人より優っているのだと思います。その時期がくるまではセカンドネームを持ってみてはいかがでしょうか。

本来の名前を悪いといって変えるのではなく、さらに新しい名前をプラスするという形です。生まれ持った名前が一生影響を与えはしますが、違う名前を頻繁に呼ばれるようになってくるとその名前が強く人生に現れてきます。

すずこさんの場合、友達が欲しいのであれば、第1音目が水の性質がおすすめです。水の性質の名前は、コミュニケーション能力が高まり、出会いが増えて、たくさんの人と自然と仲良くなることができます。金の性質のプライド高く品格高い感じから、親しみやすく誰とでも調和する心となり、声をかけにくい雰囲気がなくなりますから、人から声もかけてもらいやすくなりますし、自分からも、人にあいさつをしたり、話しかけたりしやすくなります。

まずは新しい名前を決めて、名刺をつくってみてください。あなたのなりたいイメージの色のカードにそこに連絡先であるメールアドレスや電話など加えてみるとよいでしょう。それを配っているうちに自然とその名前に自分も馴染んできます。セカンドネームで、とても充実したいい人生を送ることができるでしょう。

Q4

体が弱く、病気がちです。何かを変えたいと改名を思いつきました。戸籍名はそのままに呼び名を変えるだけでもいいですか？　元気になれるような呼び名はありますか？

A 体が弱い場合には名前を変えることはとても有効です。名前を変えるときに大切なのは人から言われたのではなく、自分で変えたい！と思ったときがよく、そのような意味では今が名前を変えるチャンスです。

名前は、戸籍を変えなくても普段の呼び名を変えていけば十分効果はあります。健康に不安があって名前に守ってもらいたい場合には、普通よりも名乗ったときに強く、ある意味きついイメージの音をつけなければなりません。そのような名前にすることで病気や事故など邪気を打ち払ってくれるからです。全体的にやわらかい流れるようなやさしい音よりも強さのあるはっきりした音をつけていきます。

元気なイメージの自分になりたければ、名前の第1音目に木音（か、き、く、け、こ）がおすすめです。木音は成長するエネルギーを持ち、いつも元気に若い気持ちでいることができます。病気にも負けない体をつくろうと積極的に動くようになっていきます。落ち込みがちで気分が上がらない人もやる気に満ち溢れ負けない強い心を持てます。

「かきくけこ」からはじまるお名前にすることで、かなり元気は出てきます。また名前の終わる音はしっかりと強い止め字〝～お〟〝～こ〟などがおすすめです。

逆に使わないほうがいい音は「い」で終わる音です。〝～い〟〝～き〟はきちんとした止めではないため病弱な人にはおすすめできません。

愛称としては〝きーちゃん〟〝けーちゃん〟などはとても強いエネルギーがあります。

ぜひ強くてインパクトのある名前をつけてください。

Q５

新しい事業を考えています。みんなに親しまれて、しかもインパクトのある社名をつけたいのですが、どんなことに注意すればよいでしょうか。

A 会社名は、読みやすくて覚えやすいものにすることが大切です。みんなに親しまれるものは発音しやすく短い名前。読みにくいのはいけません。

そして第1音目には、着実に会社を大きくしていきたければ土音（ア行、ヤ行、ワ行）、会社を一気に大きくしたければ金音（サ行）にするといいでしょう。

インパクトという点では、名前に、「らりるれろ」のラ行を入れるのがおすすめです。ラ行は回転する音であり、ものごとがぐるぐるとうまく回っていくエネルギーが出てきます。人の名前には、ラ行は運命に浮き沈みが多く、特に女性は男性運もコロコロ変わるということでおすすめできません。

パピプペポの音も、親しみやすく、インパクトという点でも使える音です。はじけるような明るいイメージを会社に持たせることができます。

文字としては、〝ん〟の音を入れるのと、濁音を入れるのもインパクトは強くなり、強く印象づけることができます。また会社を悪いものから守る効果もあり、経営も安定します。また品格を求めるような会社では、「三越」「松屋」「松坂屋」など、「つ」音が入ると商売にはいいです。小さい「っ」も同様です。

また、〝ー〟と伸ばす音も広がりがあり、会社発展にいいでしょう。

そして、音がだいたい決まってきたら、画数も確認してみます。「総画吉数表」（219～221ページ参照）によって、総画は凶ではないものにしてください。

以上のことを考えつつ、浮かんだ名前を書き出します。まず横に書いてみて、次に縦に書いてみます。書いたときのバランスがとれているかも大切です。書いた候補名を並べてみると、いいものは一番浮き上がってみえてきますのでそれを選びましょう。

Q６

定年退職後は小説家になろうと思っています。実は、ペンネームも決めていて、第二の人生はこの名前で過ごす予定です。戸籍名は「あつし」ですが、作家名は「きいち」です。名前からみて小説家としての人生はうまくいきますか。

A 本名の「あつし」さんも、文章に秀でた名前です。本名のままでも文筆家として成功されると思います。「木」の魂をもつ「きいち」も文筆に適した名前です。「かきくけこ」のつく名前は神様に通じ、創造性に富んでいますから、大きな物語や新しい世界をつくり上げる小説家にはぴったりです。「きいち」の「ち」も、「火」の魂を持ち、チャレンジ精神旺盛な音です。新しいものを開拓していくことに頑張れる、小説家としてよい名前だと思います。ただし、「火」の音は、長編には向かないようです。長編小説より、短編、エッセイ、俳句、詩など、短い文章を書いたほうがいいでしょう。発表を考えているなら、まずは短編集やアンソロジーに挑戦されたらいかがでしょうか。

Q7

高校2年の息子（だいすけ）とぶつかってばかりです。夫（しゅんすけ）は帰りも遅く役に立たず、家の中が殺伐としています。毎日がストレスです。どうしたらいいのでしょうか。（母ますみ）

A こちらのご家族は、ますみさん（水音）は、誰とでもすぐに仲良くなれる人、しゅんすけさんは「金音」でスター性があり人気者、だいすけさんは「火音」で、愛情が深く友達を大切にする人ということがわかります。ますみさんと、しゅんすけさんは、金の性質であるしゅんすけさんが水であるますみさんを助ける関係で「相生」となり、夫婦としては最高の関係です。ただ、だいすけさんだけ、ひとつ飛ばした場所の火の性質となり、ますみさんにとっては、だいすけさんと刺激関係となり、つい言い合いになったりしてしまう関係です。またしゅんすけさんは、だいすけさんを上から押さえつけるところがあり、だいすけさんはお父さんお母さんのことでストレス爆発状態になり、思春期くらいから、その傾向がはっきりしていきます。改善するためには、木の性質（カ行）か、土の性質（ア行、ヤ行、ワ行）の名前の人を家にいれたほうがよく、人が無理な場合には、その行の愛称を持つペットでも構いません。木の性質か土の性質を入れるだけで、家の中がうまく回るようになります。またますみさんが、しゅんすけさんのことを下の名前でまめに呼ぶようにするのも、夫婦関係がしっかりして家が安定しますし、しゅんすけさんのエネルギーを増すことができます。

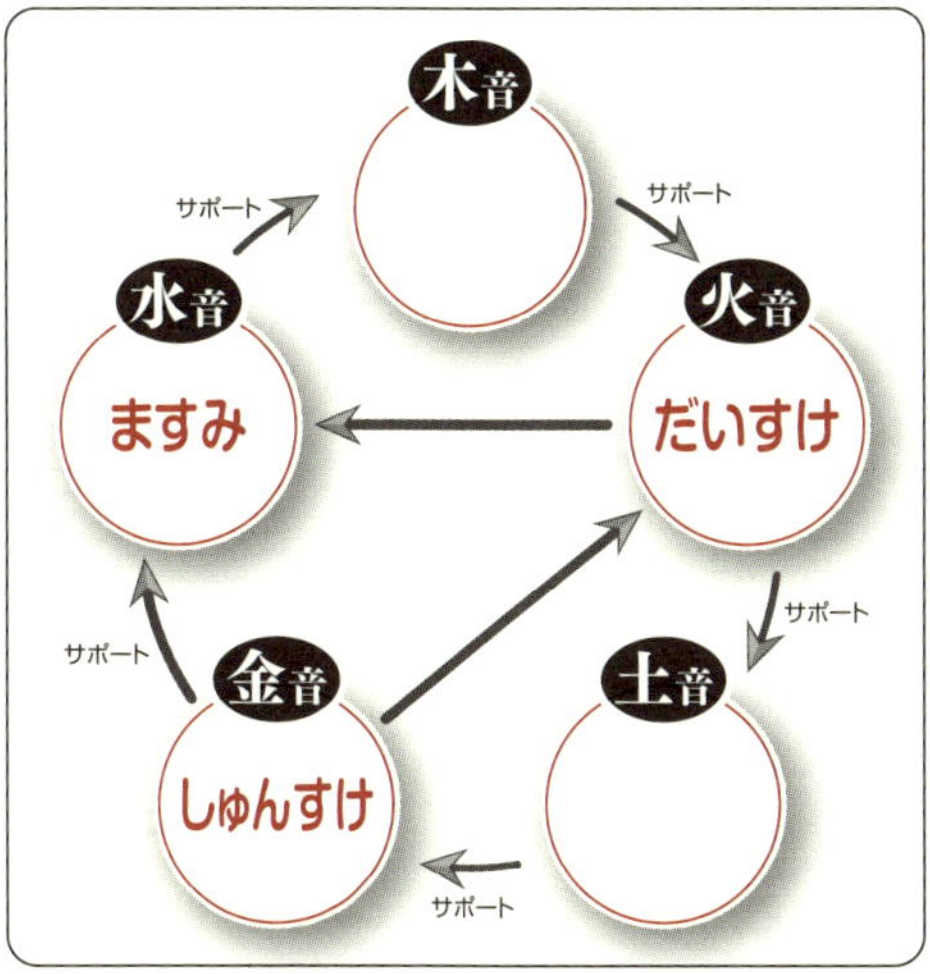

Q8

引っ越してきて早々、ご近所トラブルに悩んでいます。お隣の奥さん（かずこさん）は神経質で、普通にドアの開け閉めをしても「静かにしてください！」と文句を言われます。苦手なタイプですが何とか親しくなりたいと思います。（あきこ）

A ご近所の人との関係も地域によって、非常に密につき合う必要が出てくるため、合わない人と近くになった場合にはその対処を考えなければなりません。あきこさんは土音の性質であり、おっとりしていて動じないところがあり、あまり積極的に社交をするタイプではありません。それに対してかずこさんは、いつも動いているところがあり、ズバズバと人には言いたいことを言うタイプです。その言い方は、あきこさんからすると、なぜ、あのように言うのか自分がそういう性格ではないだけに理解できないかと思います。かずこさんはそれほど、考えもしないで、思ったことを言っているだけですので、あまり気にせず「すいません」といって聞き流してください。

あきこさんは土音の性質に対して、かずこさんは木音の性質です。あなたのほうがかずこさんの優位に立っていて、かずこさんに対しては主導権を持っています。まだ引っ越してきてから間もないので、今は大人しく言われっぱなしの関係かもしれませんが、もう少し時間が経てば、本来の名前の通りに、あなたのほうが強くなり、かずこさんに負けないではっきりと思ったことは言えるようになるでしょう。無理につき合うことはありませんが二人きりですと対立してしまいますので、火音の性質であるタ行、ナ行、ラ行の人を一人入れると、とてもいい関係に

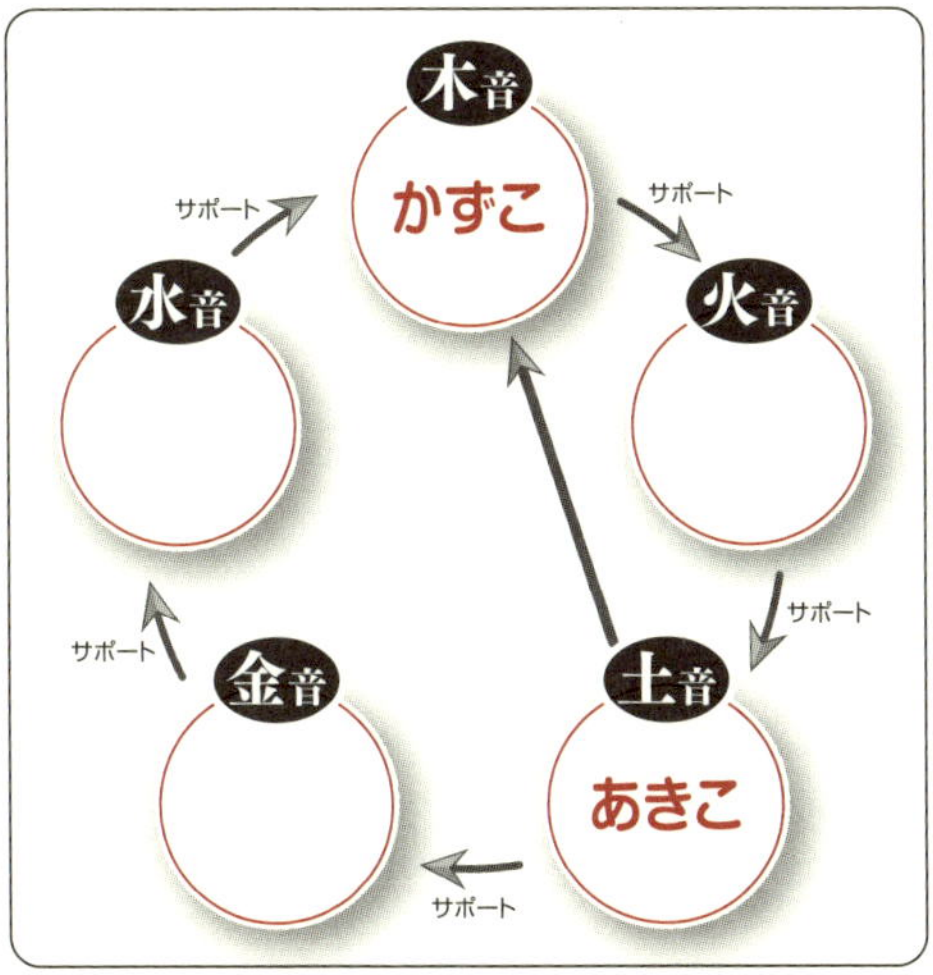

なります。

Q9 上司と折り合いが悪く、職場に行くのが気の重い毎日です。誤解されたり、ミスだと決めつけられたりすることが多く、フラストレーションが溜まります。もっと自己主張できるようになりたいと思うのですが。

A 名前からこの問題を解決していくには、水音の性質の音のビジネスネームをつけるといいと思います。ハ行、マ行から始まる音です。そこまで上司と対立するというのは、自分の中にも相手を受け入れない因業さがあります。この音をつけると、人との交流が自然とできるようになり、自分の言いたいことも言えるようになります。

また、その上司と特に関係をよくしたいとき、あなたと上司の音が隣同士であれば、そのままでも関係は自然と改善しますが、音が一つとばしのところにあるときには、難しい関係となります。あなたと上司との間に入る音の性質をもつ会社の誰かを見つけて、できるだけその人のそばにいて、上司とのやりとりのときにそばにいてもらうと、関係は改善していきます。また、上司に認めてもらうにはただ自己主張をしてもダメです。上司のいうことをよく聞いて、それを実行していくのが仕事ができる人です。自己主張したい、と思う時点で上司との関係は上手くいきません。自己主張をするのはプレゼンテーションのときだけで、他はしないと思っているくらいがいいでしょう。そして主張するのではなく、まずは信頼関係を築くこと。それができれば同じ仕事をしたとしても評価は全然変わってきます。

セカンドネームは、はじめ認知されにくいかもしれませんが、名刺などをつくるときに、思いきって変えてみてください。

Q 10

熟年結婚を考えています。彼（やすひこ）も私（まりこ）も離婚を経験しています。今度こそ！と思うのですが、気をつけることはありますか？

A 彼との結婚はもう少し考えてから慎重にしたほうがいいかもしれません。やすひこさんは土音の性質、まりこさんは水音の性質ですので、あなたが彼の上に立つ刺激の関係です。

彼氏と彼女という関係でしたら、お互い自分にはないものを持っていてとても相手を好きになり恋に落ちます。ただ結婚となると話は別です。結婚に至るまで

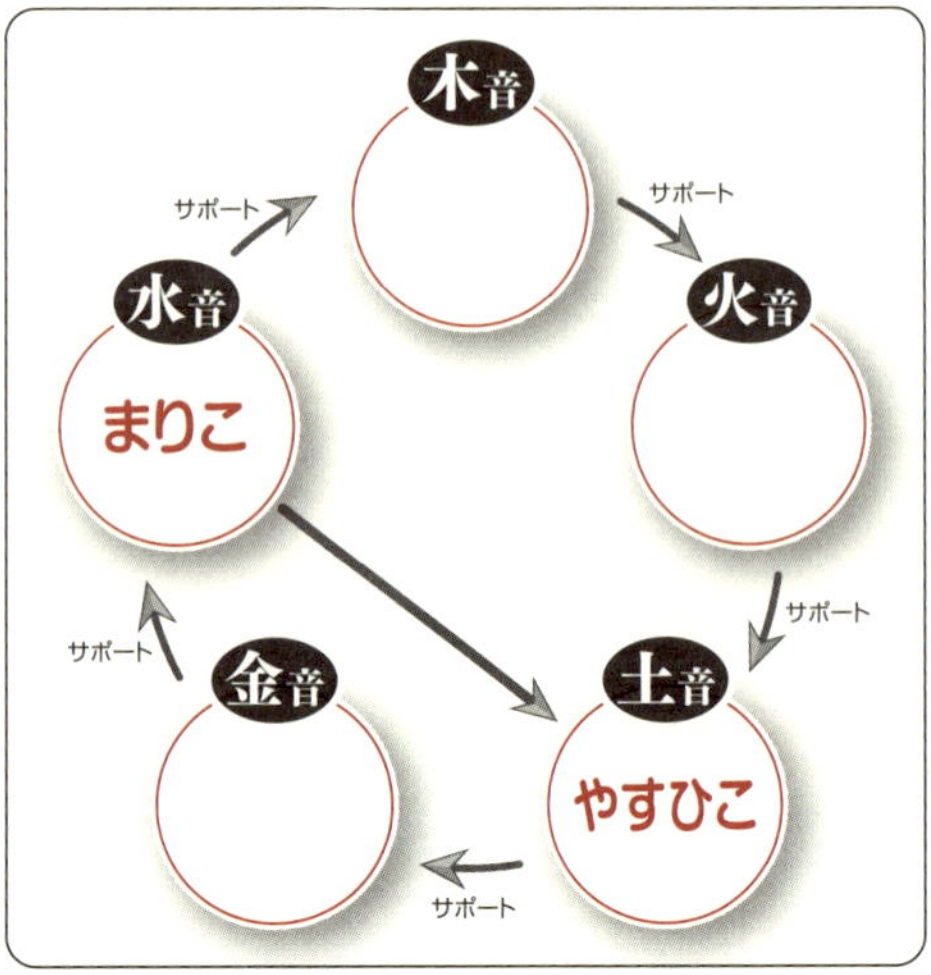

障害が多く、あなた自身が相当がんばらないといけません。彼・彼女でせっかくよかった関係が結婚に向かった途端崩れる恐れもあります。彼は、結婚話を進めたがるあなたの存在がだんだんとうるさくストレスを感じて面倒になってしまうでしょう。

もし結婚が上手くいく可能性があるとしたら、彼かあなたに親か子供がいて、その人も交えてのつき合いにしていくことです。金音（サ行）の人、あるいは木音（カ行）の人＋火音（タ行、ナ行、ラ行）の人が入ってくることでとてもいい関係となり、結婚へ発展し、幸せに暮らせるでしょう。

Q 11

孫が生まれます。名前を考えてほしいと頼まれました。画数も気になりますが、音の響きを重視したいと思います。どんなことに気をつけたらよいでしょう？

A お孫さんのご誕生、誠におめでとうございます。お名前を考えるという大役を頼まれるとは何よりの幸せですね。音の響きを考えるときには、まずパパとママのお名前の音の性質が何かを考えます。

パパとママのお名前の性質を五音循環図にあてはめて、パパ、ママとも同じときや、連なっている場合にはその一つ先を、パパ、ママのお名前が一つ離れているときには、その間に入る音の性質を選ぶようにしてください。その音の性質の中にどうしてもいい名前が浮かばない場合は、パパ、ママと同じ音の性質でも大丈夫です。

名前は読みやすく書きやすいものが一番です。発音がしやすく、すぐに相手が聞き取れる音で、電話でもすぐに説明できるような字を使ってください。

また家業があって家を継がせたい場合には、継、亜、嗣、明などがおすすめする漢字です。

音がいい名前のいくつかの候補が出た後、最終的に画数がいいものを選んでください。

ぜひお孫さんに最高のお名前をつけてくださいね。

第5章

印鑑で開くこれからの運勢

Ⅰ　お守りの役割を持つ印鑑

❶印鑑で変える運勢

名前の可能性をさらに引き出してくれるのが印鑑です。近年は署名（サイン）で済ますことも多くなりましたが、それでもまだ印鑑を使う場面はたくさんあります。印鑑の役目は〈私自身〉の身代わりとして大切な書類に押すものであり、印影はそのまま書類に残ります。その印鑑には、実は、自分の名前の長所をさらに伸ばし、短所を補うというお守りのような役割があります。

印鑑が効力を発揮するのは、戸籍の名前の画数を変えたいときです。名前の画数が凶だったりして気になるとき、改名して戸籍を変えるのはたいへんです。また、改名したとしても、名前によってはかえって突発的な事故や病を招くこともあるため、改名は慎重に慎重を重ねて行わなければなりません。印鑑は印面で画数調整ができるので、自分の願い事が叶う画数にすることでその運気を得られます。

また、画数を決める際、名前の第1音目の音の性質を、強調するものにすると、よりよい印鑑をつくることができます。木音＝向上、火音＝愛情、土音＝安定、金音＝スター性、水音＝調和といったものです。これを印鑑をつくってくださる方にお伝えすると、それにそったものをつくっていただけるでしょう。印鑑には、現在の状況がそのまま現れています。手持ちの印鑑を一本ずつ確認してみてください。これから印鑑をつくろうという方は、人生を大きく変えるチャンスです。以下の開運印のポイントを押さえて、幸運をもたらす印鑑を手に入れましょう。

Ⅱ 開運印のポイント

❶ 三本の印鑑

個人の印鑑には、「実印」「銀行印」「認印」の三つの種類があります。この三つの印鑑は用途によって使い分けられます。

実印は印鑑証明に登録するものであり、最も大事な特別の印鑑です。車や土地家屋の売買、誰かの保証人になるなど、極めて大きな責任を伴うときに用います。実印が充実していて欠損などの問題がなければ、人生は安定して発展していきますが、欠けがあったり、三文判で代用していたりすると、人生も波が多く、才能を生かしきることができません。

銀行印は、お金に関する書類に用いるもので、預金通帳などをつくるときに最も適しています。銀行印が充実していると、お金の入りがよくなり、余計な出費を抑えて財を成しますが、貧弱であるとお金の入りが悪く、予想外の出費がかさみ、収支がマイナスになることが多くなります。お金が全然貯まらないという人は、特に銀行印に気をつけたいものです。

認印は、実印や銀行印以外で、確認のために用いる印鑑です。認印は使う頻度がいちばん高く、人の目にも触れやすいので、印鑑の印象がそのまま持ち主の印象となります。認印が充実していると信用が高まり、対人関係もスムーズに進むようになりますが、貧弱だとトラブルが多く、人との関係にもマイナスになります。

印鑑はできる限り三本用意し、使い分けるようにしましょう。一気につくるのが難しい場合は、まず、お金をつかさどる銀行印を整え、お金が入ってきてから、実印、認印とそろえていくのもいいでしょう。

❷印鑑をつくるときの注意ポイント

●欠けのないこと

印鑑全体を細かく見て、ひび割れや欠けがないかを調べます。ひび割れや欠損は、持ち主の身に何かが起こることを察知して、持ち主の身代わりとして印鑑が難を受けた、あるいは、印鑑のエネルギーを使い果たして役割が終わっていることを示唆しています。ひび割れや欠けが見つかった場合は、新しく印鑑をつくりかえる時期が来たことを示しており、また、自分の生活をあらためて見直すべき時期であることを示すサインでもあります。

●上下マークがないこと

印鑑の柄に上下を示すマークが入っているものもあります。便利なのですが、印材そのものの持つ気を乱してしまうのでよくありません。印鑑をつくるときはマークを入れないよう依頼しましょう。

❸印鑑のサイズ

実印、銀行印、認印によいサイズは下のとおりです。

❹印鑑の材質

次に、印鑑の材質を見てみましょう。

「実印」「銀行印」「認印」にふさわしい印材は、生気のあるもの、すなわち命を吹き込まれたものです。牙、角、木などは人と人のつながりをスムーズにする力を持ちます。

水晶やメノウなどの鉱物類は、実印、銀行印、認印にはふさわしくありません。

《印鑑サイズ》

実印……直径18㎜

銀行印……直径15㎜

※女性にかぎり、三木のように画数が少ない場合、空間が空きすぎるので13・5㎜とします。

認印……直径12㎜

鉱物を使うと、人生の波が多くなり、いいことがあっても長続きせず挫折しやすくなります。ただし、落款のような、自分の作品に押す芸術のための印鑑としては、鉱物類が天から降りてくるインスピレーションをキャッチするのでふさわしいと言えます。

一方で、生気を含む印鑑と違って形も自由につくることができます。

人工的につくられたプラスチック素材は、欠けやすいうえに、よい気が入ってこないのでお勧めできません。

●生まれ年に合った印材を

印鑑と持ち主には相性があり、それは生まれ年によって変わります。生まれ年に合う印材を選ぶと、姓名のよさを最大限生かすことができます。まず、「九星・本命星早見表」(204ページ参照)で自分の星を知り、「印材相性表」(205ページ参照)で、合致する印材を調べてください。生まれ年と合わない印材を選ぶと、姓名のよさを最大限生かすことができず開運しません。積極性や独立心、行動力など〝陽の運気〟を高めたいときは「象牙」などの陽性の印材を、調和や協調性、愛情など〝陰の運気〞を高めたいときは「黒水牛」などの陰性の印材を選んでください。陽性と陰性の両方を持って使っても問題はありません。

●単一の材料でできていること

一つの素材からできた印鑑がベストです。印材をつなぎ合わせたものは、中途で挫折したり、目標を達成できなくなるという意味を持ちます。事故や災難に遭いやすいので、心当たりのある人は印鑑を調べてみましょう。

●飾り彫りをしていないこと

素材が複数のものでつくられた印鑑はよくありませんが、さらに、まったく違う用途のものと合体している宝飾印もいけません。たとえば、指輪と合体させた指輪印や、ペンの頭についた印鑑などを使っていると、金運は悪くなり、異性関係のトラブルも多くなります。

●品質のよいものを

印材は品質のいいものを選んでください。品質の悪いものを使っていると、すぐ

九星・本命星早見表

本命星	一白水星	二黒土星	三碧木星	四緑木星	五黄土星	六白金星	七赤金星	八白土星	九紫火星
表の中のあなたの生まれた年で、あなたの本命星を調べます。	昭和 2	大正 15 昭和 1	大正 14	大正 13	大正 12	大正 11	大正 10	大正 9	大正 8
	昭和 11	昭和 10	昭和 9	昭和 8	昭和 7	昭和 6	昭和 5	昭和 4	昭和 3
	昭和 20	昭和 19	昭和 18	昭和 17	昭和 16	昭和 15	昭和 14	昭和 13	昭和 12
	昭和 29	昭和 28	昭和 27	昭和 26	昭和 25	昭和 24	昭和 23	昭和 22	昭和 21
	昭和 38	昭和 37	昭和 36	昭和 35	昭和 34	昭和 33	昭和 32	昭和 31	昭和 30
	昭和 47	昭和 46	昭和 45	昭和 44	昭和 43	昭和 42	昭和 41	昭和 40	昭和 39
	昭和 56	昭和 55	昭和 54	昭和 53	昭和 52	昭和 51	昭和 50	昭和 49	昭和 48
	平成 2	昭和 64 平成 1	昭和 63	昭和 62	昭和 61	昭和 60	昭和 59	昭和 58	昭和 57
	平成 11	平成 10	平成 9	平成 8	平成 7	平成 6	平成 5	平成 4	平成 3
	平成 20	平成 19	平成 18	平成 17	平成 16	平成 15	平成 14	平成 13	平成 12
	平成 29	平成 28	平成 27	平成 26	平成 25	平成 24	平成 23	平成 22	平成 21
	※立春以前の誕生日の人は、前年の本命星になります（立春は年によって異なるので、暦でご確認ください）。								平成 30

印材相性表

本命星	一白水星	二黒土星	三碧木星	四緑木星	五黄土星	六白金星	七赤金星	八白土星	九紫火星
陽性	象牙	象牙	×	×	象牙	象牙	象牙	象牙	象牙
陽性	抹香鯨	抹香鯨	×	×	抹香鯨	抹香鯨	抹香鯨	抹香鯨	抹香鯨
陽性	河馬	河馬	×	×	河馬	河馬	河馬	河馬	河馬
陽性	×	白水牛	白水牛	白水牛	白水牛	白水牛	白水牛	白水牛	×
陰性	×	黒水牛	黒水牛	黒水牛	黒水牛	黒水牛	黒水牛	黒水牛	×
陰性	×	×	羊角	羊角	×	×	×	×	×
陰性	柘植	×	柘植	柘植	×	×	×	×	柘植

に割れたり、色があせたりしてしまいます。印鑑は、自分を守り、運をあげていくためのアイテムなので、できるだけベストなものを選びたいものです。

また、すぐれた印刻者は印材についても目が利きます。よい印材を手に入れたい場合は、信頼できる印刻者に予算を伝えて相談するといいでしょう。

❺ 印面のチェックポイント

●印面の形は丸が基本

印鑑の面は、人と人との調和を大切にする丸い形の「丸印」が基本です。印面が四角い「角印」は、落款には適していますが、実印、銀行印、認印には向きません。角印を用いると、運気に乱れが生じて対人関係が崩れやすく、特に家庭内の問題を引き起こします。金運も下がり、事故や災難に遭いやすくなります。

●字体は篆書体《てんしょたい》で

印面に彫られた字体は、荘厳で上品かつ華やかな「篆書体」を基本として、増画法や接点法といった印相独自の方法を用いた「印相体」という書体で印字の配置を行います。篆書体は、その文字の持つ意味を最大限に表現する生気に満ちた文字です。

また、日常生活で使う楷書体《かいしょ》や行書体《ぎょうしょ》、草書体《そうしょ》、隷書体《れいしょ》などは、陰の気が強すぎ、偽造もされやすいので印鑑には向きません。

●印面の下方に安定感を

印面の下方の形状や文字に安定感があると、落ち着きが生まれ、家庭が安泰となります。逆に、印面の下方の文字が細くて弱々しいと、家庭内にトラブルが絶えません。印面の下方が不安定にならないよう気をつけてください。

●左右対称の文字に

印面の文字は、ある程度左右対称になるように、バランスよく配置しなければなりません。左右の文字量に偏りがあったり、文字が斜めに彫られたりしたものは、才能運や蓄財運に恵まれず、対人関係に問題が多くなってしまいます。

●外枠は太すぎないものを

印面の外枠は欠けることなく、きれいな円を描いていることが大切です。あまりに太枠の円が太すぎると、中の文字が弱々しく見えてしまいます。枠が太すぎる印鑑を持つと、警戒心が強くなり、外へ出て行かなくなる傾向があります。

●希望の総画数であること

印鑑でいちばんいいのは、印面の文字を希望の画数にできるということです。印面の外枠の接点は一接点を一画と数えます。これを「接点法」と言い、それによって画数を自分が希望する画数に増やすことができるわけです。ただし、接点が多すぎると、全体のバランスが崩れるのでかえってマイナスになりますから注意が必要です。

●模様は入れない

印面の周りに、竜や花、雷文などの模様を入れるのはよくありません。人から迷惑をかけられるなどのトラブルが続く原因にもなり、家庭内に乱れが生じます。

●文字と文字は離さない

印面の文字と文字をくっつけて彫ることで、文字が一体となって大きな力を発揮するため、印面の文字はどこかで接しているようにします。文字がバラバラでくっついていない場合は、文字の勢いが弱まり、運もよくなくなり、損をします。

●ひび割れ、欠損がないこと

印面にひび割れや欠損があってはいけません。ひび割れや欠けた個所があると、その方位が意味する内容の問題を抱えていることを表します。たとえば、印面の上部が欠けていれば、その部分の意味である成功運がよくなくなり、いくら頑張ってもチャンスに恵まれず、左側（押したときの右側）が割れていれば、対人関係のトラブルに悩まされます。

●勢いと美しさが大事

印鑑全体に生気があり、上品で力強く、美しいことが大事です。印鑑に力がなく、不安定なものはよくありません。印相は、印材の質と印刻者の技量に大きく左右されます。印面を構成する際、いい印相の印刻者は依頼者の希望する部位に慎重に文字を配し、常に文字の美しさに注意を払って入念に仕上げます。印刻者は、ぜひ、信頼できる人を選んでください。

●一代印であること

印鑑はつくった本人にしか力を発揮しません。親などから譲り受けた印鑑や、他人が使っていた印鑑を引き継いで使うと、運気は下降します。だれかが使っていたものではなく、自分だけの印鑑をつくりましょう。

また、だれかの印鑑の印面を削ってつくり直した「彫り直し印」は大凶です。家庭は衰退の一途をたどることになります。

●印鑑をつくる時期

印鑑は人からすすめられてつくるものではありません。自分が本当に欲しいと思ったときにつくるのが一番です。もちろん、成人したとき、親元を離れるとき、結婚したとき、事業を始めるときなど、新しい旅立ちのときにつくるのもおすすめです。また、名前の画数が気になっていたり、自分を変えたいと思ったりしたときもチャンスです。

●新しい印鑑の扱い方

印鑑を新しくつくったら、まず、自宅の神棚かお仏壇に供えます。神棚も仏壇もない人は、座った目線より高い位置に印鑑を置き、自分の分身として働いてくれるよう神仏に祈ります。印鑑の使い初めは、「大安」などの吉日を選んでください。すぐに押す機会がない場合は、半紙などに初押しするといいでしょう。

❻使わなくなった印鑑

印鑑を新調して、今まで使ってきた印鑑を処分するときは、白い紙に包み、神棚かお仏壇に供え、これまで守ってもらったことに感謝します。神棚や仏壇がないときは、高い場所に置き、感謝の気持ちを伝えます。

その後は、立ったときの目線よりも高い位置の引き出しなどに約二年間保管します。保管しておくのは、印鑑を切り替えても前の印鑑が必要になるときもあるためで、念のためにとっておくという意味があります。

二年を過ぎたら土に埋めます。とても気に入っていて、ひび割れや欠けなど問題がない場合は、そのまま大切に保有していてもかまいません。

❼ 印面の八方位

印面は中心から均等に八つに分けられ、それぞれの方位には意味があります。印鑑を押すと、その印鑑の性質がわかります。できるだけ八方位すべてにバランスよく接点があることが望ましいと言えます。

八方位には自分の本命星を当てはめることができます。

たとえば、一白水星を表す方位は「北」で、北は「住居運」を意味します。つまり、もともと一白水星の人は住居運を持っているということでもあります。

この住居運をよりよくするために、自分の星とは反対の方位、印面の南に当たる部分に、文字の接点を設けるようにして、印面を充実させることが重要です。「南」は「成功運」を意味します。「住居運」をサポートするのが「成功運」ということになります。

印面のバランスをとることで、自分の運勢全般を安定させ、住居運も成功運もアップします。同様に、四緑木星の人の仕事運を安定させるには、反対の方の西北に当たる六白金星の「蓄財運」が重要になります。

八方位の詳しい意味は、次ページのとおりです。

吉相八方位図

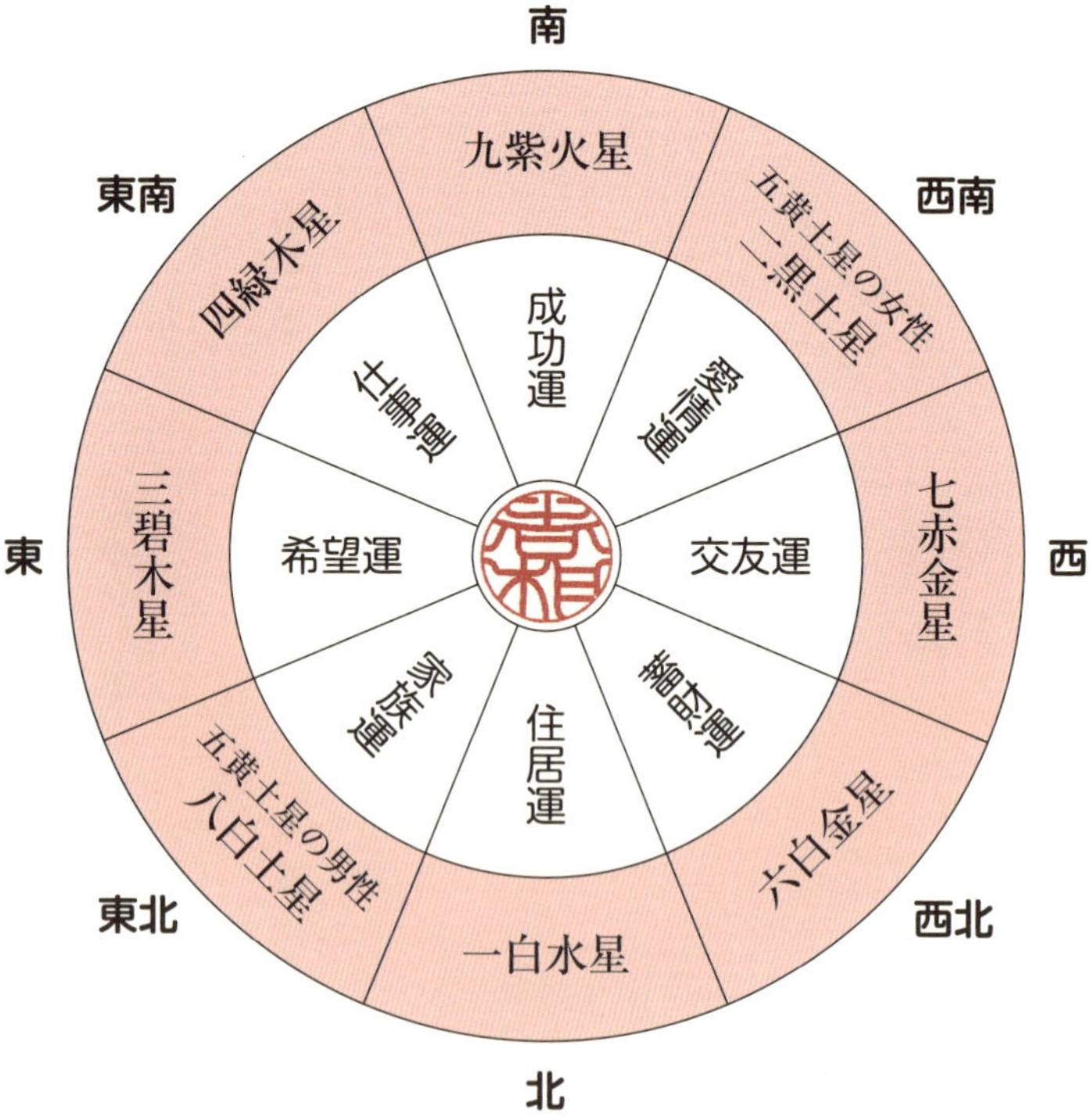

※印相学の八方位図では、南を上とします。

北〈一白水星〉住居運

安定した住居、日々の暮らしを表します。この部位が安定していると、住居に恵まれて、近所の人たちとの関係も良く、落ち着いた生活を送ることができます。配偶者とも仲良く、子供も立派に成長します。この部位が欠けていると、良い住居に恵まれず、いつも家のことで悩むことになります。

東北〈八白土星　五黄土星の男性〉家族運

家族縁、子孫繁栄、相続を表します。この部位が充実していると、家庭円満で、相続のトラブルが起きません。バイタリティがあり、やる気に満ちています。この部位が欠けていると、家庭内のトラブルが多くなり、後継ぎ問題や財産問題などが出てきます。

東〈三碧木星〉希望運

希望、願いが叶う可能性を表します。この部位が充実していると、気力があり、自己実現のために努力を続け、目標を達成します。新しいことにチャレンジして良い結果を得られます。この部位が欠けていると、焦りが生じて何をしても空回りしてしまいます。目標を掲げても達成することが難しくなります。

東南〈四緑木星〉仕事運

才能、仕事運、金運を表します。この部位が充実していると、チャンスに恵まれ、自分の才能を存分に発揮することができ、仕事運も向上して、収入もアップします。この部位が欠けていると、人脈が切れてしまったり、信用が失墜したりしてしまいます。

南〈九紫火星〉成功運

天からの恵み、成功運、上司運、社会的信用を表します。この部位が充実していると、人から引き立てられて実力以上の力を発揮することができます。この部位が欠けていると、争いが多くなり、裁判や訴訟問題に巻き込まれる恐れがあります。

西南〈二黒土星　五黄土星の女性〉愛情運

男女の縁、職業上の変化を表します。この部位が充実していると、恋愛はスムーズに進み、喜びが多く、仕事でも活躍できます。この部位が欠けていると、気力を失くし根気が続かず、労働意欲がわかず、怠惰となります。

西〈七赤金星〉交友運

同輩との対人関係を表します。この部位が充実していると、良い友人や同僚に恵まれ、社交性がアップし、幅広くいろいろなタイプの人と仲良くなれます。対人関係もスムーズで、仲間と楽しい時間を過ごすことができます。この部位が欠けていると、同僚や友人との関係がうまくいかず、思いがけないトラブルを抱えることになり、金銭問題も出てきます。

西北〈六白金星〉蓄財運

財産上の変化を表します。この部位が充実していると、お金の回りがよくなり、無駄な出費が抑えられ、財産を築いていくことができます。信頼も増し、対人関係も良好となります。この部位が欠けると、目上の人とうまくいかなくなり、信頼を失うことがあります。

付 総画吉数表

姓名判断では、1から9までを数の基本のひと巡りと考え、それが9回巡った81画数で占います。81画でまた1に戻ります。以下、82画は2画、83画は3画を見てください。

例

青 木 友 里
8+4+4+7=23 → 総画は23画

山 田 真 也
3+5+10+3=21 → 総画は21画

1～80画の吉数を一覧表にまとめました。運勢のいい順に、「最強画数◎」（男女各5個）、「幸運画数○」（男女各5個）、「吉数◌」（男女で31個）になります。

33画	25画	17画	9画	1画
♂ 幸運	♀♂ 吉数	♀♂ 吉数		♀♂ 吉数
34画	26画	18画	10画	2画
		♀♂ 吉数		
35画	27画	19画	11画	3画
			♀ 幸運 ♂ 吉数	♀♂ 吉数
36画	28画	20画	12画	4画
37画	29画	21画	13画	5画
♀ 幸運 ♂ 吉数	♀♂ 吉数	♂ 最強 ♀ 幸運	♀ 最強 ♂ 幸運	♀♂ 吉数
38画	30画	22画	14画	6画
39画	31画	23画	15画	7画
♂ 幸運 ♀ 吉数	♀♂ 最強	♂ 最強 ♀ 吉数	♀ 最強 ♂ 幸運	♀♂ 吉数
40画	32画	24画	16画	8画
	♀ 幸運 ♂ 吉数	♀ 最強 ♂ 幸運	♂ 最強 ♀ 吉数	♀♂ 吉数

73画	65画	57画	49画	41画
♀♂ 吉数	♀♂ 吉数	♀♂ 吉数		♀♂ 最強
74画	**66画**	**58画**	**50画**	**42画**
		♀♂ 吉数		
75画	**67画**	**59画**	**51画**	**43画**
♀♂ 吉数	♀♂ 吉数			
76画	**68画**	**60画**	**52画**	**44画**
	♀♂ 吉数		♀♂ 吉数	
77画	**69画**	**61画**	**53画**	**45画**
♀♂ 吉数		♀♂ 吉数		♀♂ 吉数
78画	**70画**	**62画**	**54画**	**46画**
♀♂ 吉数				
79画	**71画**	**63画**	**55画**	**47画**
	♀♂ 吉数	♀♂ 吉数		♀♂ 吉数
80画	**72画**	**64画**	**56画**	**48画**
				♀ 幸運 ♂ 吉数

みやざわ・みち － 運命学研究家

1967年、群馬県に生まれる。日本女子大学、同大学院にて社会福祉を専攻。福祉コミュニケーションを研究し、姓名判断、手相、人相などによる、人と人が円滑に関わって、よりよく生きるための生活術を提案している。

著書には〈名前で運命がわかる本〉シリーズ『ようこ』『めぐみ』『なおこ』『じゅんこ』『ひろみ』など（自由国民社）、『いちばん幸せになる男の子のなづけ』『いちばん幸せになる女の子のなづけ』（以上、誠美堂出版）、『男の子の幸せ名づけ』『女の子の幸せ名づけ』（以上、主婦の友社）、『驚くほどあたる！リアル手相占い』『怖いほど当たる！開運！リアル手相術』『手相　本当の自分と未来がわかる』（以上、永岡書店）、『ハッピーになれる手相占い』『ハッピーになれる名前占い』（以上、金の星社）、『世界で通用する子供の名前は「音」でわかる』（講談社＋α文庫）、『日本で一番わかりやすい人相診断の本』『スピリチュアルな朝の習慣・夜の習慣』（以上、PHP研究所）などがある。

http://michi-miyazawa-official.com/

・主な講演テーマ
「家相を知る～幸せを呼ぶ住まいとは」

「成功へ導く印鑑の選び方」

「経営者必聴！宮沢みちの開運セミナー
～運気を上げる人相・手相・家相とは？～」

など

本書の内容の一部あるいは全部を無断で複写複製（コピー）することは、法律で認められた場合を除き、著作者および出版社の権利の侵害となりますので、その場合は予め小社あてに許諾を求めて下さい。

呼《よ》び名《な》の持《も》つパワー

音《おと》でわかる名前占《なまえうらな》い

●定価はカバーに表示してあります

2017年12月10日　初版発行

著　者　宮沢《みやざわ》みち

発行者　川内長成
発行所　株式会社日貿出版社
東京都文京区本郷 5-2-2　〒113-0033
電　話　(03) 5805-3303（代表）
F A X　(03) 5805-3307
郵便振替　00180-3-18495

印　刷　株式会社シナノパブリッシングプレス
写　真　小山幸彦
カバーデザイン　新井美樹
印鑑協力　塩谷慶雲
D T P　工藤知安
構成·編集　島内晴美

© 2017 by Michi Miyazawa ／ Printed in Japan
落丁・乱丁本はお取替えいたします

ISBN 978-4-8170-8247-3　http://www.nichibou.co.jp/